跟着 化学家 做实验

【美】丽兹·李·海拿克 著

孙亚飞 译

华东师范大学出版社

·上海·

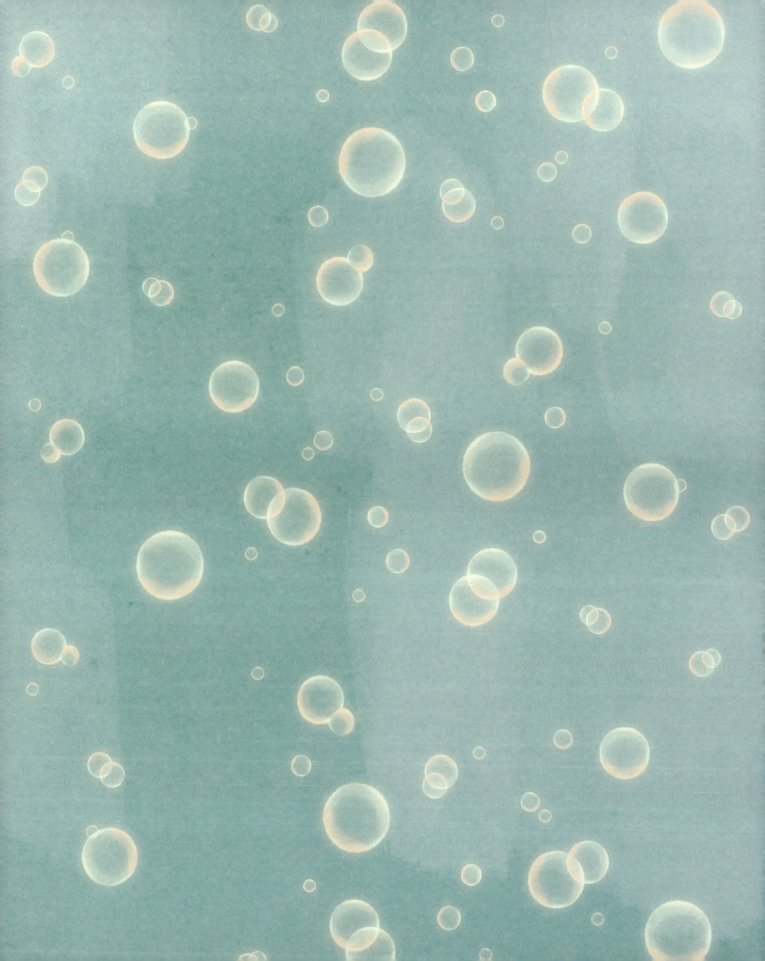

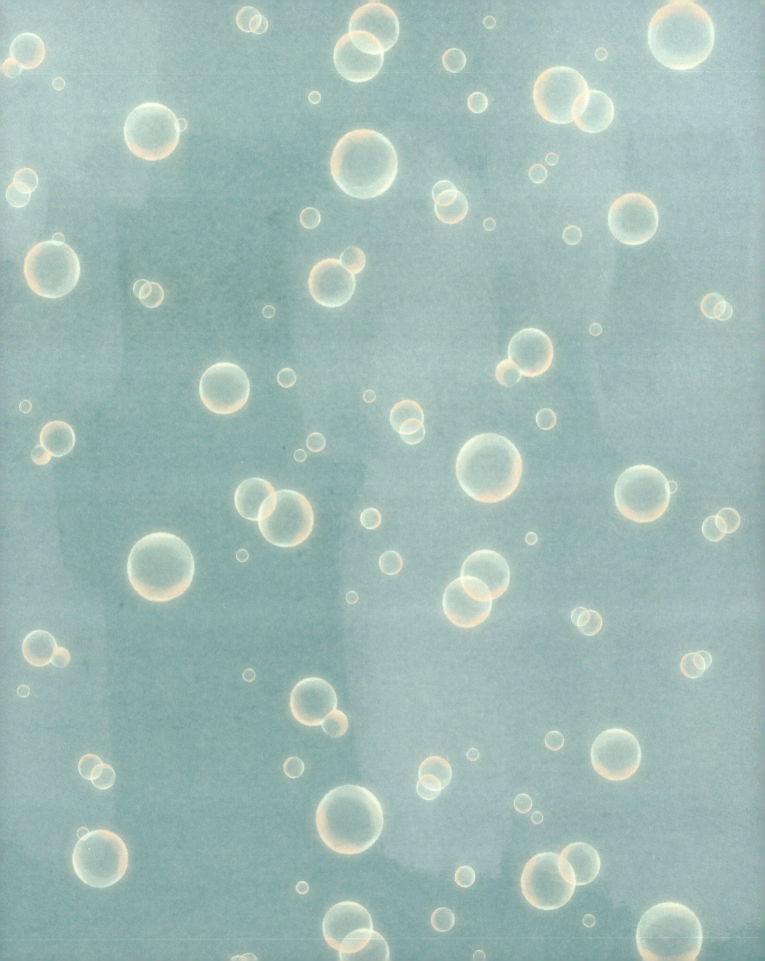

目 录

———————
* 大致年份。

H₃C—C　　C—H
　　‖　　　‖
　　C　　　N

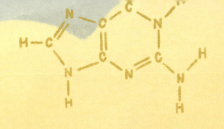

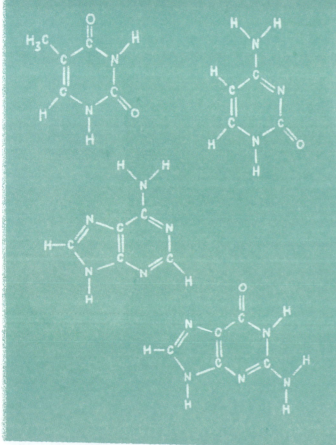
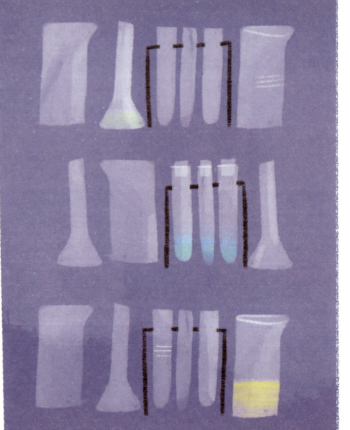

前　言

几千年来，人们一直在捣鼓化学。我们总是喜欢玩火，把很多东西搅拌在一起，煮出令人疯狂的混合物。当智人（也就是人类这个物种）刚出现的时候，折腾出了哪些有趣、美妙而又有用的化学混合物？每每想到这一点，觉得还是挺有意思的。

我们知道，早期的人类会将赭石这样的天然颜料磨成粉末，再用它们调配动物血液，从而创造出一种耐久性超强的颜料，直到今天我们还可以在山洞的洞壁上看到它们。考古学家推测，这种确切无疑的远古混合物，或许是被用来抵御阳光照射及虫子蛀咬（引起的破坏），或是被用来保存兽皮。这实在太有意思了，连穴居人都需要使用驱虫喷雾。

在随后的大约70,000年里，随着人类文明在全球范围内占据一席之地，大部分人类开始定居下来。经过了无数代人的努力，他们拥有了庄稼、家畜和村庄，这些都需要他们的保护。当时的人们并不知道用什么词来描述"化学"，但他们学会了制造更有效的药物，发现了提取金属并制成合金的方法，再用它们制作烹饪器皿、武器与珠宝。早期的化学家，如塔普提-贝拉提卡利姆和盖伦等，发酵出了酒，蒸馏出了香水和酒精，制造出了肥皂，还优化了天然墨水与染料。最终，火药的发明彻底改变了历史的进程。

大约250年前，当测量、数学和科学方法被正式应用到许多人在实验室和厨房水槽里做着的实验时，现代化学诞生了。1869年，元素周期表的初稿由一位名叫门捷列夫的化学家公开发表，科学家们迅速冲进了这片未开拓的新领域。

随之而来的元素发现，让科学家有史以来第一次有了直接观察原子的工具，他们可以借此看到原子这种组成物质的微粒。他们试着去理解这一令人惊叹的新现象，并很快就为此建立了一种模型——被称为电子的负电荷粒子，像土星环那样围绕着一个致密的原子核飞速旋转。自此以后，新的发现以惊人的速度发展起来。有的时候，现代化学产品也会造成令人心碎、难以想象的伤害，但更多的时候，化学让我们的生活变得更加美好。

本书呈现了古往今来25位化学家的快照。每一篇都讲述着一位杰出化学家的故事，介绍了他们的工作背景，以及在当今世界的应用和影响。与每个故事搭配在一起的还有步骤详细的实验，让读者有机会亲手触及每一位科学家所追求的概念。借助于古代美索不达米亚一位名为塔普提-贝拉提卡利姆的女士所创造的方法，读者可以亲自蒸馏香水，或是采用和玛丽·居里提纯放射性元素相仿的方法重现化学反应。在这本书里，只要你保有好奇心，就会发现一群能够鼓舞人心的榜样和许多令人难忘的实验。

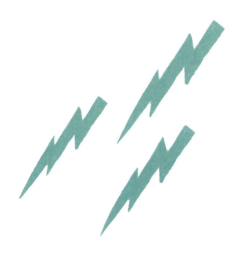

化学家 | 塔普提-贝拉提卡利姆

Tapputi-Belatikallim

——生于公元前1200年*

皇家香水师

在距今超过3200年的古代美索不达米亚地区，一支由芦苇制成的笔，在一块松软的黏土块上记下了"塔普提-贝拉提卡利姆"这个名字。如今，这些楔形文字的刻痕与图像仍然保存着，这使得那些能够阅读古代文字的学者可以告诉我们，作为皇室的一名管理者，她拥有崇高的地位。多亏了这些黏土经过烘烤（硬化）后留存下来的刻痕，即使历经数百年的沧桑亦未改其形，我们才得以理解"塔普提"这个名字的含义是"监督者"，她会为国王和王室成员制备香料。皇族将她制备的一部分香料用作香水，剩下的则保存起来，作为在宗教仪式中献给神灵的祭品。

美索不达米亚

古代的美索不达米亚①地区位于底格里斯河与幼发拉底河这两条河之间，被称作"新月沃土"，在如今的伊拉克以及伊朗、叙利亚和土耳其的部分地方还可以找到它的遗迹。这片肥沃的土地孕育了世界上第一批已知的城市——在这里农业技术发展起来，人类开始驯养动物，书写文字也得以发展。美索不达米亚是文化和语言的中心，在这里发明出了轮子和战车，还有一位名叫"恩赫杜安娜"①的高级女祭司创作了一系列诗歌，她是世界上第一位有名有姓的作家。

超凡的香味

大约在公元前1200年，当塔普提作为世界上第一位有文字记载的化学家崭露头角之时，香味已经和社会秩序、宗教以及医学交织在一起。塔普提和她同时代的人相信，她们供奉的那些无形却又十分美妙的香味，可以超脱于物质世界，到达她们信仰的神灵那里，令神灵对她们的祭祀感到高兴。国王自称是通往神灵的通道，他们用最珍贵的香水涂抹身体，治疗师也会使用带有芳香的油膏和药膏。

皇家配方

塔普提的香水配方是将油脂、花朵和一种名为菖蒲的柠檬味草本香草进行混合，再将混合物与其他芳香物质一起浸泡，然后反复过滤与蒸馏。她制作的蒸馏香料与香油被作为上贡国王的药膏与香水。这个复杂的多步骤提取方法在大约1200年前被记录下来。在塔普提留存至今的一份古老的配方中，包含了历史上首次对蒸馏装置的说明，还有一系列她所使用的方法，这些方法至今还被应用于现代香水制造工艺。

现代香水

如今的化学工程师仍会使用一些塔普提曾经用过的工艺来生产现代的香水，当然规模要大得多。

---

* 大致年份。
① 美索不达米亚是古希腊对两河流域的称谓，在这里产生了人类最早的文明之一。（编者注）
② 原文"Enheduanna"这个词实际上代表着一种宗教职位。（译者注）

实验丨蒸馏香氛

从柑橘、花朵以及香草中，试着借助碾压和蒸馏的方法蒸出精油吧。这和3000多年前塔普提-贝拉提卡利姆使用的方法很类似。

▶ 实验材料

→ 慢炖锅或带有穹形锅盖和防烫把手的煮锅
→ 蒸笼或小型滤锅
→ 防烫小碗
→ 新鲜或风干的柠檬、香草或花朵
→ 粗棉布
→ 擀面杖、木槌或砸肉糜的工具
→ 小瓶子和滴管（可选）
→ 水

▶ 安全提示和注意事项

→ 在使用电炉或慢炖锅时需要有成年人在旁监护。
→ 柠檬皮、迷迭香、薄荷与薰衣草都非常适合用在这个实验中。鲜花也不错，但你需要准备大量的鲜花。

▶ 实验步骤

1 在慢炖锅中加水，至5厘米深。将蒸笼或滤锅放入其中。蒸具的底部要高于水面，这样后期加入的花朵或香草能够位于水的上方。如果有必要的话，可以放个盖子来垫高水中的蒸笼。

图4：用粗棉布包裹植物原料，然后放置在蒸笼里。

2 在蒸笼的中央放置一个小碗。然后将锅盖倒扣在锅的上面，注意盖紧。如果锅盖的尺寸不合适，可以试下倒置蒸笼。先取下锅盖待用。

3 如果要从花朵中提取精油，需要先从花茎上摘下花瓣待用，丢弃花茎和叶子。（图1）

4 如果要提取柑橘味的香气，需要先削下柠檬皮待用。如果要提取香草的气味，则需要从其茎上摘下叶子待用，丢弃茎杆。（图2）

5 将花瓣、柠檬皮或香草放置在一大块粗棉布上，用擀面杖、木槌或砸肉糜的工具将其碾碎。（图3）

6 折叠粗棉布，将植物原料包裹于其中，然后放入蒸笼中，再将蒸笼放入锅中。（图4）

7 将小碗放置在粗棉布上，倒扣着的锅盖把手会将冷凝液体引入此碗中。将锅盖盖上并压紧。（图5）

8 尽可能用最小火加热煮锅。将冰放置在倒扣的锅盖的中央位置，以加速锅里的冷凝过程。

9 不断检查锅里的情况，观察已经

图1：将花瓣或叶子从花茎上摘下待用。

图2：削下柠檬的外皮待用。

图3：将花瓣和香草碾碎。

图5：在锅里添水，至5厘米深，再将蒸具放到锅里，在收集用的小碗上方倒扣锅盖。

图6：把精油倒进贴有标签的小瓶里保存。

奇思妙想

将碾碎的花瓣放入温油中，静置混合物，随后用筛网或粗棉布将植物碎片滤出。从油中获取香气。对比这种用油获取的花朵香气和采用实验方法蒸馏出的精油香气。

有多少液体被收集到了小碗中。当收集到一定量以后，关闭慢炖锅或电炉，等待所有东西冷却下来。

10 闻一闻你的作品，有香味吗？将蒸馏出来的液体倒入小玻璃瓶或药水瓶里，贴上标签。（图6）

11 可以混合你制作出的多种精油，创造出独一无二的香氛。

科学揭秘

精油

碾压是一种提取香味的方法，指碾压植物细胞并从中榨出芳香油。在本实验中，花朵、柠檬皮或香草都被碾碎，从而破坏了其中的植物细胞，并释放出带有香气的分子，即通常所说的精油。这些化合物具有挥发性，这就意味着它们在加热时会迅速挥发到空气中。某些精油会因过度加热而被破坏，因此它们只能被非常缓慢地加热，才能释放出最佳的气味。根据所需香味的不同，可能需要通过多个步骤和工艺才能获得最完美的香味。

蒸馏

蒸馏工艺能够让碾碎的花朵或植物在水中被温和地加热，这样蒸汽会从原材料中穿过，并将精油带到冷却的表面上，纯化后的液体会在这里冷凝成液滴并被收集起来。带有香气的蒸馏液随后可以用来和其他芳香剂调和，加入酒精中制成速干型的香水，或是和油脂及其他物质混合，制成香膏或香乳。

简易香氛

在本实验中，花朵、柠檬皮或香草被碾碎，再被放入自制的蒸馏装置中，以收集到带有香气的蒸馏液，然后与其他香味混合，就能创造出独特的香味。

≡ 实验 2 ≡

化学家 | 盖伦

——生于公元129年*

为角斗士和瘟疫病患治疗的医生

今天为人所熟知的古罗马医生盖伦，其实还有许多其他名字，比如被称作"珀加蒙的盖伦"。珀加蒙（Pergamon）是位于当今土耳其境内的一座城市，大约在公元129年，盖伦在此出生。他的父亲是一位很富有的建筑师，有财力让盖伦接触到政治和哲学，能从当时城市里一座举世闻名的图书馆借阅书籍。传说盖伦的父亲曾经做了一个梦，梦见他儿子会成为一名医生，于是盖伦开始学习医学，并为前来珀加蒙神庙寻医问药的罗马人看病。

角斗士医生

在盖伦19岁时，他的父亲去世了，留给他一笔巨额财富。盖伦继续着他的医学研究，并前往克里特岛、塞浦路斯和著名的亚历山大里亚医学院游历。28岁时，他成为亚细亚大祭司的角斗士的外科医生，并经营了一家外伤处理中心，他在那里学会了如何修复受损的骨骼。他开始将开放性伤口视为"通往身体的窗口"，因为它会导致病人更容易受到感染。与此同时，他还观察到了卫生、营养与健康之间的联系。在他担任角斗士医生期间，因为受伤而最终死亡的病人出奇地少。

一场瘟疫

盖伦最终成为罗马皇帝的私人医生，并开始大量撰写有关医学的著作。在他担任宫廷医生期间，一种被称为"安东尼瘟疫"①的疾病袭击了罗马。历史学家相信这场瘟疫可能是由天花病毒导致的，并且可能杀死了当时罗马人口一半以上的人。盖伦对于这一疾病的诊断与治疗很有兴趣，他根据自己的研究成果为病人提供预后（预测），也就是推断将会发生什么事。他同时也是一位哲学家，相信

在思想和肉体之间存在着某种无法割裂的关系。

一位作者

盖伦创作了大量有关医学和哲学的著作，总结了在他之前如希波克拉底（Hippocrates）等前辈医生所做的工作，并加上他自己研究的内容，使得古希腊的医学闻名于世。②在他的著作中提到了肥皂，说它起到了药物的作用，能够清除身体和衣物上的不洁杂质。历史学家相信这可能是第一次有文献讲到将肥皂用作清洁剂。考虑到盖伦对卫生问题很感兴趣，那么在他的著作中谈到肥皂也不奇怪，特别是其中提到一种高脂肪含量的古日耳曼手工肥皂，那是他的最爱。如今，肥皂制造已是非常庞大的一个产业，有数百种肥皂块和洗涤液可供消费者选择。

---

* 大致年份。

① 古罗马帝国安东尼皇帝在位时出现的一种瘟疫，前后发生了两次，是历史上一个影响深远的瘟疫事件，古罗马帝国因此遭受重创，瘟疫成为其衰败的导火索。至今，有关"安东尼瘟疫"竟是何种瘟疫的说法仍存在争议，但盖伦在此次事件中留下了大量记录，成为医学史研究的重要资料。（译者注）

② 古罗马对古希腊的征服完成于公元前146年，古罗马帝国的精英们采纳了希腊教育，学习希腊哲学。（编者注）

实验 | 肥皂

古罗马医生盖伦深知，良好的卫生条件对健康而言至关重要。他在书中撰写了有关肥皂的内容，认识到这种能够用于清洗皮肤与衣物的化学混合物的重要性。在本实验中，你可以通过熔化甘油三酯来制作你自己的肥皂块。

图6：在透明的肥皂中嵌入一些塑料玩具，这会非常有趣。

▶ 实验材料

→ 可"熔化再制"的皂基（可从网络或手工艺品商店购买）
→ 微波炉或电炉
→ 玻璃瓶和玻璃碗
→ 搅拌棒（可选）
→ 精油（可选）
→ 对皮肤安全的色素（可选）
→ 风干的花朵、香草、燕麦或柑橘皮（可选）
→ 塑料小玩具（可选）
→ 肥皂模具或硅胶模具
→ 装在喷雾瓶里的外用酒精（可选）

▶ 安全提示和注意事项

→ 如果使用外用酒精（异丙醇）消除泡沫，那么请在通风良好的区域使用，同时需有成年人在旁监护。
→ 食用色素通常不是很适用于给肥皂上色，还会在皮肤上留下颜色。
→ 喷射酒精时请戴上防护眼镜。

▶ 实验步骤

1 准备制作肥皂所需的原料，包括为其着色、装饰及增香的材料（如果需要的话）。（图1）

2 在微波炉专用碗中放入若干小块皂基，每次加热30秒，在加热间隙进行搅拌，直到皂基完全熔化。

3 将熔化后的皂基倒入瓶子或碗里。如果有需要的话，可以加入色素与香料。在搅拌过程中加入种子、燕麦或其他一些你想让它悬浮在肥皂中的小玩意。（图2）

4 将皂基混合物倒入模具中，轻拍以消除气泡。可以喷一些外用酒精到皂基的表面，使细小的泡沫破裂。（图3）

5 皂基可以一层一层地添加，从而制造出有趣的外形效果，或者在模具里的皂基上制造出纹理效果。（图4）

6 在肥皂的形状、颜色和纹理上发挥创意。（图5）

7 在肥皂中嵌入诸如塑料小动物之类的材料会很有趣。你的自制肥皂可以成为与众不同的礼品。（图6）

图1：准备制作肥皂的材料。

图2：在皂基中添加色素或为其设计纹理。

图3：将皂基倒入到模具中，消除气泡。

图4：皂基可以分层加入模具。

图5：发挥你的创意！

✷ 奇思妙想

尝试自制精油，用它为你的肥皂增添香味（参见实验14）。

💡 科学揭秘

被称为"甘油三酯"的脂肪可用来制造肥皂，它们也构成了我们食用的绝大部分油脂。甘油三酯由醇类（甘油）与脂肪酸构成，是植物和动物油脂的组成部分，存在于橄榄油、椰子油、黄油和熏肉脂肪等油脂里。

肥皂是经由一种被称作"皂化反应"的工艺制成的，需要将动物油或植物油与一种强碱混合，强碱指的是具有很高pH值的一类化学物质（参见实验12）。脂肪酸和碱之间发生的化学反应会将脂肪酸盐（肥皂）从一种被称作甘油的化合物中分离出来。最终制成的肥皂是液态的还是固态的，则取决于所用碱的类型。

用"古早的工艺"制作肥皂是一件费时的工作，有时候还会有危险。它需要将脂肪与碱液混合，这种碱液被化学家称作氢氧化钠。过去为了制作这种碱液，需要将一种硬木燃烧形成的灰烬放在雨水中煮沸，固体物质会沉到底部，而碱液则会从表面析出，它能够灼伤皮肤或衣物。将这种碱液与油脂混合，再静置并熟化几周，直到整块物质都转变成肥皂。

≡ 实验 3 ≡

化学家 ┃ 贾比尔·伊本·哈扬

Jabir ibn Hayyan

——生于公元815年*

实证派炼金术士

贾比尔·伊本·哈扬这个名字，出现在很多与化学、医学和炼金术相关的古代手稿中，他常被称作"化学之父"。一位古代的科学探索者曾以此署名，撰写了一本或多本重要著作，如今的科学史学者则认为，更有可能的是此人的追随者以及其他一大批杰出人士为那些以此署名的大量著作做出了贡献。

哲人石

历史学家相信，贾比尔生活和工作的地方位于如今的伊朗或伊拉克，他后来以"贾伯"（Geber）的名字享誉全世界。他的著作涉及数学、物理、化学和医学等学科。在贾比尔的时代，炼金术风靡一时。学者们相信，所有物质都是由火、水、土和气这四种元素构成的，通过使用一种被称为"哲人石"的神秘物质，可以将一种物质重新排列成另一种物质。

蒸发

当物质中的液体挥发成气体时，蒸发过程便发生了，溶液中的大部分固体被保留下来。例如，海水持续从海洋中蒸发，但是食盐还是留在海洋中。热量可以加速水的蒸发，因此通过在火上加热溶液，像贾比尔这样的早期科学家就能够利用蒸发设备快速地让液体蒸发掉。

火和水

在试图寻找"哲人石"并理解物质本源期间，贾比尔创造了一些用来分析土壤与岩石的技术。火和水是最容易获得的工具，而他能够很好地运用它们。贾比尔也被认为曾经改进过现有的蒸馏与蒸发设备，还发明了几种其他类型的科学仪器。

实用科学

结晶、蒸馏、酸的分离以及硫、汞与砷等元素的提纯，都被归功于贾比尔。如同当今的化学家一样，他和他的追随者也会利用化学去发明一些具有实用性的方法。据说他发明了一种物质，可以用来防锈，还能让布匹防水。相传他甚至发明了一种夜光（可以在黑暗中发光）的墨水。

---

* 大致年份。

实验丨蒸发

一位名叫贾比尔·伊本·哈扬或贾伯的化学家，曾撰写了一些有关蒸发与蒸馏科学的最早的研究记录。试着自己制作美丽的蒸发环，想一想为什么今天的科学家仍然会对液体是如何干燥的问题感兴趣。

▶ 实验材料

- → 白醋
- → 小杯子或碗
- → 液态的食用色素
- → 量杯或勺子
- → 玉米淀粉
- → 白色的小平盘或白色浅碗（耐热，非塑料材质）
- → 烤盘
- → 秒表或计时器
- → 烘焙手套
- → 放大镜或数码相机（或带有拍摄功能的手机）

图6：拍摄蒸发环的数码照片，放大观察。

▶ 安全提示和注意事项

→ 本实验需有成年人在旁监护。从烤箱中取出热盘子前，要先打开烤箱门，待白醋的酸雾逸出后才可继续进行。

▶ 实验步骤

1 将烤箱预热到93℃。每次量取 $\frac{1}{4}$ 杯（60毫升）白醋，分别倒入3个杯子里。（图1）

2 挑选两种颜色的色素进行混合，例如蓝色与绿色，或红色与黄色。在每个杯子里加入5滴第一种色素，再加入5滴第二种色素，充分混匀。（图2）

3 在其中一杯醋和食用色素的混合液中加入 $\frac{1}{2}$ 茶匙（约2克）玉米淀粉，将其混匀后为容器贴上标签。在另一个杯子里加入少量玉米淀粉，同样混匀并贴上标签。（图3）

4 用勺子取出足量的醋与食用色素的混合溶液，倒入一个小盘子里，直到铺满盘子的底部。需要对加入了几勺醋进行计数并记录，从而将等量的其他溶液再分别加入别的盘子中。这样每一个盘子底部就都覆盖了一种溶液，且液体体积相同。（图4）

5 将盘子放置在烤盘里，再将烤盘放入预热过的烤箱里。设定秒表以记录蒸发的时间，大约每10分钟观察一下盘子。

6 当最后一滴液体从盘子上蒸发，取出盘子，记录秒表上的数字。对比蒸发后形成的图案。（图5）

7 记录下你对不同盘子上留下的蒸发图案的观察结果。用相机为这些蒸发环拍照，可以调整相机的焦距以特写边缘。观察每一种色素的分离情况，并记录这些环的边缘是否平滑，是否有缺口，或者是否为类似分形①的图案。（图6）

---

① 分形（fractal）是几何学中的概念，指具有自相似特性的现象、图像或物理过程等。（译者注）

图1：量取白醋。

图2：加入食用色素。

图3：在其中两个容器里加入玉米淀粉。

图4：将溶液转移到盘子里。

图5：蒸干液体并对比盘子中形成的蒸发图案。

图7：用不同的色素在不同的温度下重复实验。

8 用不同的色素重复这一实验。思考：如果在室温条件下对盘子进行干燥蒸发过程，对结果会有什么影响？（图7）

✦ 奇思妙想

在白醋和食用色素的混合物中加入不同的物质，例如磨碎的粉笔或面粉，观察它们是如何影响蒸发过程的。试着用水替代白醋作为基底，观察蒸发的时间与图案会受到什么影响。

💡 科学揭秘

如果你曾经看到过洒出的咖啡滴在干燥后形成的图案，你便会知道，水蒸发以后剩下的那些灰色颗粒会形成环，其中大部分颗粒会聚集在环的边缘。研究这一现象的科学家发现，液滴中的这些颗粒，随着液体的干燥会自发形成小圈。

无论是咖啡滴还是盘子上的液体，其形状都像一个浅穹顶，中间厚，边缘出奇地薄。正在蒸发中的溶液，其中的分子并不会静止不动。物质的作用力会让它们保持运动，并将它们推向液滴的边缘，而且只有液体中最小的颗粒能够在液滴的边缘找到空间。随着水分子逃逸到空气中，它们也就留在了边缘那里。

醋蒸发得比水更快，而且加热会加速蒸发进程。最小的微粒在蒸发图案的最边缘处形成环，而像玉米淀粉那样更大的微粒，则会附着在中央的位置。

科学家已经发现，通过对液滴进行干燥处理，他们可以从仅仅一滴人类细胞的液体中分离出悬浮于其中的部分蛋白质。研究人员希望这项工作可以帮助他们研制出一种廉价的疾病诊断试剂盒。

_____

① 这一现象又被称为"咖啡环效应"。（译者注）

≡ 实验 4 ≡

化学家 | 约瑟夫·普里斯特利

Joseph Priestley

——生于1733年

氧气的分离者与碳酸水的发明者

约瑟夫·普里斯特利是一位牧师、教师、作家、哲学家和政治家，他有一群令人艳羡的好友，其中包括安托万·拉瓦锡（Antoine Lavoisier）（参见实验5）。约瑟夫·普里斯特利因为分离氧气和发明碳酸水而出名，而且和他的好友本杰明·富兰克林（Benjamin Franklin）一样，他也涉足与电相关的实验。

好奇心

约瑟夫从小就对周围的世界充满好奇。1733年，他出生在英格兰，在母亲离世且父亲再婚以后，他辗转于各个家庭。最后，他总算能够住在一位富有的姨妈与姨父的家里，二人都很赏识他的才华。约瑟夫回忆说，他小时候曾把捉到的蜘蛛放在罐子里，他发现把盖子紧紧密封之后罐子里的蜘蛛就会死去，他对此感到非常好奇。在后来的日子里，当他研究空气中的气体时，这些孩提时代的实验也促成了他最伟大的发现。

教育的拥护者

在学习了古代语言学、数学和自然哲学（自然科学的前身）以后，约瑟夫在一家教堂谋得了一份牧师的工作。由于一些主张对于会众而言太有争议性了，他转而去当了一名教师。他撰写了一本语法教科书，于1862年和一位名为玛丽·威尔金森（Mary Wilkinson）的女士结婚。在这段时间里他也撰写了一些历史专著，提出了很激进的观点——他认为大学应当教授现代语言和实用技术。他还坚信，为女性提供教育是非常重要的。

厨房水槽边的科学家

当约瑟夫决定创作一本有关电学历史的书籍时，他遇到了本杰明·富兰克林和这一领域中的其他杰出代表，他们鼓励他亲自去尝试自己设计的那些实验。后来，他的著作成为电学相关的新标准教科书，其中囊括了一些他原创的实验与发现。1774—1786年，约瑟夫撰写了六卷书，总结了他在空气研究方面的实验。他是第一位分离出氧气的科学家，尽管他拘囿于陈旧而错误的燃烧理论[①]，这也导致了他与安托万·拉瓦锡的争论，后者当时正在其构建的"新化学"体系中推行精确的度量衡[②]，因此对有关氧气的科学有着更好的理解。

大众科学

1767年，约瑟夫发明了人工合成的碳酸水，其方法是在啤酒酿造厂的发酵桶上方挂一个盛满水的容器，观察这种气体是否能够在水里形成气泡。实验成功后，他又将这套设备搬到实验室里重现操作，利用酸和碱（小苏打，又名食用碱）之间的化学反应在饮料中添加气泡，也就是人们熟知的"苏打水"。约瑟夫将这种饮料称作他"最快乐的发现"。如今，饮料工厂会在高压下通过将二氧化碳注入冷水中来制作苏打水。

[①] 这里指燃素论，这是一个已被取代的化学理论，起源于17世纪。这个理论假设，任何物质在燃烧时，都会释放出一种名叫燃素（phlogiston）的成分。（译者注）
[②] 度量衡是人们在日常生活中用于计量物体长短、容积、轻重的统称。（编者注）

实验 | 碳酸化反应

约瑟夫·普里斯特利利用白垩[1]和硫酸的化学反应对水进行碳酸化处理。在本实验中，你将通过混合小苏打和醋的方式来生成二氧化碳，使水碳酸化。

▶ 实验材料

→ 空瓶子（475～590毫升）
→ 烤盘
→ 白醋
→ 小苏打（烘焙用碱，即碳酸氢钠）
→ 气球
→ 带有龙头和盖子的水桶，盖子可以旋紧
→ 夹子（如薯片袋夹或扎带）
→ 漏斗（可选，但很有用）
→ 方糖（可选）

▶ 安全提示和注意事项

→ 你需要几个助手才能完成这项实验！
→ 在气球膨胀的时候要戴好防护眼镜或太阳镜，以防气球爆开。

图6：二氧化碳气体进入水中形成气泡。

▶ 实验步骤

1 往带有龙头的水桶里倒入有冰块的冷水，直至半满。

2 将空瓶子放到烤盘上，往瓶子里倒入白醋，直到距离顶端约5厘米。

3 用漏斗或勺子向气球中添加2茶匙（约9克）小苏打。（图1）

4 用气球嘴封住瓶口，不让瓶内空气逸出。当气球膨胀时，用拇指和其他手指紧紧扣住气球嘴。（图2）

5 将气球中的小苏打摇落到瓶中，与白醋接触，由此引发化学反应。二氧化碳将会开始生成，并立即使气球膨胀。（图3）

6 当气球充气后，从瓶口上摘下气球，用夹子夹住气球嘴，将二氧化碳气体封于其中。注意，要在气球还没有过度膨胀至爆开前，将其从瓶口摘下。（图4、图5）

7 小心地将气球嘴套在水桶的龙头上。拧开水桶的盖子，排出多余的空气。取下气球上的夹子，再打开龙头，让气球中的二氧化碳气体进入水中形成气泡。（图6）

8 立即旋紧水桶的盖子，将二氧化碳气体封在水桶里。（图7）

---

[1] 白垩（chalk）又称白土，是一种微细的碳酸钙的沉积物，是方解石的变种。传统的粉笔主要由白垩矿石制成，现代粉笔则含有较多的石膏，其成分为硫酸钙。（译者注）

图1：将小苏打加入气球里。

图2：将气球嘴套在瓶口上，并控制其不要移位。

图3：从气球中摇落小苏打至瓶中，引发化学反应。

图4：待气球充气后，将其从瓶口摘下，用夹子封口。

图5：二氧化碳气体将会被封在气球中。

图7：旋紧水桶的盖子，确保二氧化碳气体不会逸出。

9 轻轻地前后晃动水桶，使二氧化碳气体溶解到水中。（图8）

10 重复步骤2至步骤9，完成三到四次循环，这样就能将满满几个气球的二氧化碳气体通过龙头注入水桶里的冷水中。品尝这种苏打水。如果舌头起泡的感觉还不够强烈，可将其置于冰箱中冻一段时间，取出来再摇晃几下，然后加入更多的二氧化碳气体。（图9）

可选：也可以利用小苏打和柠檬中所含柠檬酸的化学反应来为柠檬水充气。只需在装有小苏打的袋子里放入一点方糖，简单摇晃。（图10）

11 然后将表面吸附了小苏打的方糖放入柠檬水中。（图11）

12 由化学反应生成了二氧化碳气泡。品尝你自制的美味碳酸饮料吧。（图12）

图8：摇晃水桶使气体溶解于水中。

图9：品尝这杯"苏打水"。

图10：摇晃加入了方糖的苏打水。

图11：将吸附了小苏打的方糖放入柠檬水中。

 科学揭秘

当两种或更多种原料混合起来发生化学反应并产生一些新的化学物质时，原料被称为"反应物"，而新产生的物质则被称为"产物"。约瑟夫·普里斯特利将硫酸和白垩（碳酸钙）混合，生成碳酸水，而本实验则采用了更安全的原料来完成同样的任务。无论是将硫酸和白垩混合，还是将小苏打与白醋混合，你都合成了同样一种产物——二氧化碳气体，通常会写作 CO_2。

二氧化碳可以在水中溶解，但水分子只能轻微地吸引二氧化碳。溶解在水里的二氧化碳以单个二氧化碳分子被水分子包围的形式存在，而不再以气泡的形式存在。在密闭容器的低温条件下，二氧化碳分子和水分子会靠它们之间转瞬即逝的吸引力结合在一起，气体便持续溶解在水中。

随着碳酸化的水升温，二氧化碳分子会被释放出来，并以气泡的形式浮出水面。碳酸饮料中的气泡更容易在表面的微小瑕疵上出现，例如冰块、玻璃杯、瓶子，乃至曼妥思薄荷糖等。这也是当你把苏打水倒在冰块上时会起泡的原因。

图12：品尝这杯柠檬碳酸水！

☀ **奇思妙想**

　　试着用紫甘蓝汁（参见实验15）来完成这项实验，观察二氧化碳与水的反应是如何增强水的酸性的。随着二氧化碳气体溶解于水中，你会看到水的颜色从紫色或蓝色变成粉色或红色。

≡ 实验 5 ≡

Antoine-Laurent Lavoisier

化学家丨安托万-洛朗·拉瓦锡

——生于1743年

第一位现代化学家

安托万-洛朗·拉瓦锡让描述性的定性化学实现飞跃，成为一种基于测量数据的定量化学。除了在化学领域取得的一系列重要发现，他还注意到科学发现是一种改善人们生活的方式。不幸的是，在法国大革命期间，因为参与地方政府和工业界的工作，他被送上了断头台。

分享财富

1743年，拉瓦锡出生在巴黎一个富有的家庭。在他只有5岁的时候，母亲就去世了，他因此继承了很大一笔财富。他在最好的学校接受教育，并在大学里学习了数学、植物学、地质学和天文学等很多学科。拉瓦锡还获得了法学学位，但他从没用过这个学位，因为他对科学充满热情，而且也足够富有，可以在没有收入的情况下从事科学研究。他相信公共科学教育对社会而言是必要的，因此组建了一个实验室，能够让他那些不那么富有的同事在那里做实验，他还参与创建了两个致力于对公众进行科学教育的组织。

科学上的伙伴

拉瓦锡28岁时，他与玛丽-安妮·皮耶雷特·波尔兹（Marie-Anne Pierrette Paulze）结婚。后者因此变得对化学很有兴趣，并且在科学方面接受了拉瓦锡两名同事的培训。声名赫赫的画家雅克-路易斯·大卫（Jacques-Louis David）后来为拉瓦锡夫妇绘制了一幅著名的肖像画[1]，他也曾教授玛丽-安妮如何创作精美的绘画。随后不久，玛丽-安妮就每天与拉瓦锡一同前往实验室，担任他的实验助手。在实验室里，玛丽-安妮负责测量、记录详细的笔记，以及为实验绘制草图。她不止是一位出色的插画师，还是拉瓦锡的翻译，因为拉瓦锡只会讲法语，而当时很多重要的科学文献却是用英语发表的，例如约瑟夫·普里斯特利（参见实验4）的成果便是如此。

定量化学家

在拉瓦锡所有了不起的发现中，最具开创性的是测量并记录了实验结果。拉瓦锡设计了一些天平，可以非常精确地测量微小的重量变化。同时他还发现，在一般的化学反应中，参与化学反应的物质的质量与化学反应以后的产物的总质量是相等的。这就让他能够一次又一次地重复实验并且对每一次都进行精确测量，从而发现了"质量守恒定律"。1789年，拉瓦锡出版了有史以来第一本基于定量实验而写作的化学教科书（即《化学基础论》）。

"解剖"空气

尽管在当时没有人知道氧气是什么，但拉瓦锡对燃烧或阴燃[2]进行了大量的实验，这个过程会产生包含氧元素的化学物质。拉瓦锡观察到，当他燃烧不同的物质时，尽管灰烬和空气的总重量没有变化，但灰烬却会比初始的原料更重，这表明它们与空气中的某种物质结合了。他还观察到，燃烧不同的物质所产生的"空气"具有不同的性质，包括可供呼吸性和可燃性。

悲伤的结局

拉瓦锡一生获奖无数，却在1794年被送上了断头台，那时正处于法国大革命时期，他死时只有50岁。他的实验器材被巴黎工艺博物馆（Musée des Arts et Métiers）保存下来供公众参观。从拉瓦锡时代开始，定量测量开始在科学实验中扮演重要的角色。

---

① 指油画《拉瓦锡和夫人》（Portrait of Antoine-Laurent Lavoisier and his wife），画中拉瓦锡夫人站在书桌旁倚着拉瓦锡，拉瓦锡则坐在书桌前准备记录实验内容，目光关爱地看着夫人。（译者注）
② 阴燃是固体燃烧的一种形式，是没有可见光的缓慢燃烧，通常产生烟和温度上升等现象。（编者注）

实验 | 氧化反应

试着利用钢丝棉和醋来发生氧化反应，并测量由化学反应造成的温度变化吧。

▶ 实验材料

→ 2卷钢丝棉
→ 白醋
→ 1～2个数字温度计
→ 2个透明的带盖容器（也可以用盘子当盖子）
→ 橡皮筋

▶ 实验步骤

1 将钢丝棉冲洗干净，去掉上面附着的洗涤液成分①。用白醋浸没1卷钢丝棉。（图1）

2 确保白醋将钢丝棉充分浸透。（图2）

3 从钢丝棉上挤掉多余的白醋，倒掉白醋，然后将湿润的钢丝棉重新放回容器中。（图3）

4 记录温度计上的起始温度读数。随后，将浸润了白醋的钢丝棉包裹在温度计（测试区）上，用橡皮筋固定。（图4）

5 用盖子盖住容器。观察温度计，看看温度会发生什么变化。每30秒记录一次温度，直到温度不再上升。（图5）

图5：盖上容器，观察温度的变化。

6 温度会伴随钢丝棉的氧化而上升。你会看到水汽在被盖住的容器内壁上凝结。（图6）

7 数小时后，就可以看到钢丝棉表面形成了红色铁锈。待其干燥后继续放任其生锈。几天后，将钢丝棉放到塑料袋里，然后用手指挤压，钢丝棉会粉碎成一堆红铁锈。（图7）

☀ 奇思妙想

尝试利用铁锈和白醋自制木材着色剂。在一个开口的容器中，将钢丝棉完全浸入白醋并放置三天，用粗棉布过滤混合物，保留被铁锈上色的白醋。将获得的溶液静置一到两天，再将它刷到不同类型的木材上，观察上色的效果如何。

---

① 清洁用的钢丝棉可能经过生产商的预处理，即将洗涤液通过固化粉黏附在钢丝棉表面，以便淋湿后可直接用于清洁物品。（编者注）

图1：将一卷钢丝棉浸入白醋中。

图2：确保白醋已将钢丝棉充分浸透。

图3：拧干钢丝棉。

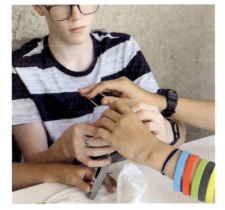

图4：将浸过白醋的钢丝棉包裹在温度计上并固定。

图6：你会看到容器内壁上出现水汽凝结。

图7：钢丝棉表面会形成铁锈。

 ## 科学揭秘

钢是由铁元素与少量碳元素结合而成的。这种结合物的强度非常大，而生产成本却很低，从建筑物、电器设备到汽车，在你日常接触到的很多东西里面都有"钢"的身影。钢丝棉由涂有油的细钢丝制成，因此其中的铁不会和空气中的氧气及水汽直接发生反应而生锈。清洁用的钢丝棉中可能含有洗涤液，因此需要先将其冲洗干净才能用于本实验。

当物质的原子失去带负电荷的电子时，就会发生被称为"氧化反应"的化学反应，失去电子的反应物就可称作被"氧化"了。白醋是一种酸，它会清除钢丝棉上的保护涂层，使钢丝中的铁接触到白醋溶液中的水，水

是由氢元素和氧元素构成的。于是，铁和氧发生反应并结合在一起，此时电子从铁原子转移到了氧原子上，并形成看起来显红色或棕色的化合物。这一过程被称为"生锈"，它在酸性环境下会发生得更快。

氧化反应是一种会放热的化学反应，这意味着反应过程中会释放热量。在本实验中，你可以看到被白醋浸过的钢丝棉，其温度要高于没有处理过的钢丝棉。这种可以被测量到的差异，说明钢丝棉中的铁正在发生氧化，也就是正在生锈。随着钢丝棉持续氧化，红褐色的铁锈将变得清晰可见。生锈和燃烧（也包括阴燃）都是氧化反应。

化学家 | 亚历桑德罗·伏特

Alessandro Volta

——生于1745年

电池的发明者

亚历桑德罗·伏特是一位物理学家，他酷爱阅读各种科学书籍，对有关易燃气体的研究尤其感兴趣。尽管他的主要研究方向是电学，但他会在每天的研究中应用到化学，而且他对包括动物学在内的自然哲学①有着敏锐的认识，这些都帮助他发明出电池。

热门的科学

1745年，伏特出生于意大利的科莫市。和当时很多科学家一样，他也出生在一个很富有的家庭。他的父母让他学习法律，但他却在青少年时期迷上了电学，于是放弃了学业转而去进行实验。当时，电学还是一门新学科，人们在自己的客厅里进行电学实验，创造出令人震惊的演示效果。

电学教师

当伏特不再教授语法课后，他开始在一位朋友的实验室里摆弄充电的实验。1775年，他发明了一种被称为"起电盘"的装置，可以将电荷从一个物体转移到另一个物体上。本杰明·富兰克林对可燃气体的研究引起了他的兴趣，于是伏特成为第一位分离出甲烷的科学家，这是他从家附近一片沼泽地里看到气泡翻滚时发现的。随后他尝试进行利用电火花点燃这种气体的实验。

青蛙腿

伏特的一位同事①发现，如果把青蛙腿挂在黄铜的钩子上，再用不同类型的金属去接触青蛙腿，有可能让青蛙腿跳起来，因此他相信青蛙腿是某种"动物电"的来源。伏特对此持不同意见，他坚信两种不同的金属会产生电荷，而青蛙腿只是正好携带了电荷。为了证明这一点，他用一块被盐水浸泡过的棉布代替青蛙腿来实验，证明棉布同样可以传导电流。

会放电的黄貂鱼

基于自己的研究结果，伏特制作了一种由30多片锌盘与银盘交替堆叠而成的电堆，金属盘之间用被盐水泡过的棉布隔开。它的外形模仿了一种会放电的黄貂鱼③的放电器官。当他将电堆的两端连接到金属导线上时，电流便经由导线流过。亚历桑德罗·伏特由此发明了第一块电池，他称之为"人造电动组织"。如今，化学电池已被用来为各种设备提供能量，包括从游戏控制器到汽车等各种物品。

---

① 自然哲学是现代自然科学的前身，是人们对"自然"的存在这个问题的哲学思考。（编者注）

② 指路易吉·伽伐尼（Luigi Galvani），意大利医生和生物学家。伏特曾与他就电的来源问题争论多年，但在发明出电池后谦虚地将电池命名为"伽伐尼电池"以纪念这位好友科学家，后人亦称之为伏特电池或伏特电堆。（译者注）

③ 黄貂鱼，又称刺魟，一种喜欢生活在温暖的浅水区的扁体软骨鱼类，尾部有锋利的毒刺。（编者注）

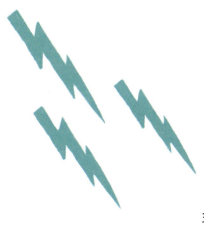

实验 | 化学电池

亚历桑德罗·伏特将金属盘堆叠在一起制成电池。他使用盐水作为导电材料，本实验则利用柠檬内部的酸性果汁作为电解质，它也可以传导电流。

▶ 实验材料

→ 6个汁水丰富的新鲜柠檬
→ 6个铜币或6根短铜线
→ 用于清洗电极的白醋（可选）
→ 6个镀锌（电镀防护）的铁钉，约5厘米长
→ 7根两端都带有鳄鱼夹的测试导线
→ 若干5毫米规格的LED灯（发光二极管）
→ 直尺
→ 电压表（可选）

▶ 安全提示和注意事项

→ 在使用锋利的刀刃时需要有成年人在旁监护。不过，用一把塑料刀也能切开柠檬。
→ 本实验的成功有些难以捉摸。使用的柠檬必须足够多汁，否则实验可能失败。如果实验中LED灯不够亮，可以试着多加一些柠檬。

▶ 实验步骤

1 在一块硬台面上揉压4个柠檬，使其内部充满汁液。（图1）

2 如果使用铜币作为铜电极，首先需要将它们浸入白醋中，然后擦拭干净。用刀在每一个柠檬的外皮上切开一个铜币大小的插口。（图2）

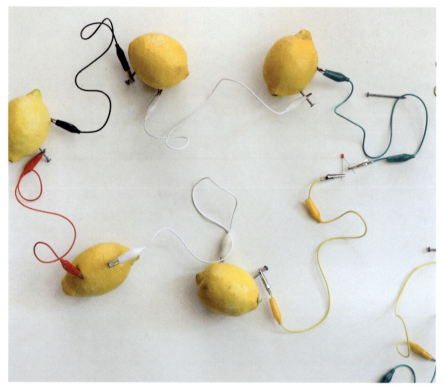

图7：可以尝试增加一两个柠檬。

3 将镀锌铁钉插入柠檬，距离刚刚切开用来放铜币的插口大约3厘米。（图3）

4 将铜币竖直放入插口中，有一半露在柠檬外面。如果不使用铜币而使用铜线，那么将其在距离镀锌铁钉大约3厘米的位置插入柠檬。（图4）

5 用鳄鱼夹顺次连接柠檬，每根鳄鱼夹的一头接铜币，另一头接镀锌铁钉。把所有的柠檬都连接起来，摆成半圆形，两头各留一根松松的导线，一根导线连着铜币或铜线，另一根导线连接着镀锌铁钉。（图5）

6 将LED灯的两极连接到两个空闲的鳄鱼夹上。如果灯没有被点亮，试着交换鳄鱼夹，再分别连接到LED灯的相反的电极上。如果有一台电压表，可以用它来测试你的电池产生了多少能量。（图6）

7 如果LED灯不能被点亮，试着在柠檬电池串中增加更多的柠檬。（图7）

☀ 奇思妙想

尝试使用土豆或泡菜来完成本实验。利用电压表对比你制成的不同电池。

图1：揉压柠檬，使其内部充满汁液。

图2：在柠檬的外皮上切开铜币大小的插口。

图3：插入镀锌铁钉。

图4：在距离铁钉约3厘米处插入铜币或铜线。

图5：用鳄鱼夹顺次连接柠檬上的铜币和镀锌
铁钉。

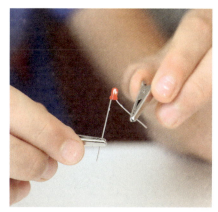

图6：用鳄鱼夹连接LED灯上的两极。

 科学揭秘

电池是一种能够储备化学能的装置，并且能够将其转化为电能。柠檬、锌和铜本身并不是电池，但是当你将一枚镀锌铁钉和一枚铜币插入柠檬时，就会引发化学反应，释放出组合物体的电势。

电池由三个部分组成：负极电极、正极电极和电解质。在这个柠檬电池的实验中，镀锌铁钉扮演了电池负极的角色，而铜就是电池正极，酸性的柠檬汁则作为电解质，它是一种可以承载带电粒子的流体。要确保你知道哪个是正极、哪个是负极，才能让实验成功。柠檬汁和镀锌铁钉之间的化学反应导致带有负电荷的电子在锌的表面上产生。如果将其连接到铜上，这些多余的电子就会快速地经由导线从锌这一端跑向铜那一端。

在你将镀锌铁钉插入柠檬后，一些锌就会开始溶解在酸性的柠檬汁里。在锌和柠檬之间形成的化学反应被称为"氧化反应"，这会释放一些被称为"电子"的负电荷粒子。铜和柠檬酸不发生反应，因此电子开始经由导线从镀锌铁钉一端流向铜。在"电池"中连接的柠檬越多，就会有越多的锌溶解，流动的电子也会越多，当然这样能够发出的电能也就更多了。

实验 7

化学家 | 威廉·亨利·帕金

William Henry Perkin

——生于1838年

15岁上大学

威廉·亨利·帕金于1838年出生于英国伦敦。他是家中七个孩子里最小的那一个，从小就显露出对科学的天赋，年仅15岁就进入了皇家学院攻读化学专业。不久后，他和一位叫奥格斯特·威廉·冯·霍夫曼（August Wilhelm von Hoffman）的教授共同工作。

煤焦油

19世纪时，蜡烛大多已被煤气灯所取代，生产煤气的过程中会产生一种工业废弃物——被称为"煤焦油"的黑色有毒液体。基于自己在化学方面的知识，霍夫曼教授猜想，可以从煤焦油所含的胺类特定成分中合成出名为"奎宁"的抗疟疾药物。他安排帕金负责这一项目。这位年轻的化学家对此非常上心，休假在家的时候就迫不及待地着手研究。

厨房水槽边的科学

帕金的工作是在他父母家顶层由自己改造的实验室里进行的。他一开始尝试从煤焦油中提炼出甲苯再制成胺类，结果失败了。于是他重新尝试，利用苯来制取一种不同的胺，即苯胺。在苯胺中添加硫酸和重铬酸钾后，产生了一种黏稠的黑色物质，但这并不是他想要获取的透明奎宁。

意料之外的结果

当帕金准备去清洗失败实验的玻璃容器时，却发现玻璃容器被染成了紫色。他尝试用酒精去洗脱这些紫色，这种鲜艳的色彩却转移到他正在使用的清洁布上，将其染成了非常美丽的色彩，还不容易被洗掉。帕金过去也曾试着合成人工染料，但没有成功，此次的实验让他十分震惊，并且很有远见地意识到这个意料之外的实验结果有可能会让他变得非常富有。他在花园的棚子里搭建了一个工作间，和他的兄弟及一位朋友一起测试这种染料，并扩大了生产规模。

成功的专利

年仅18岁的威廉·亨利·帕金为这项发现申请了专利。他将这种染料命名为"苯胺紫"，不久后又因为一种名为"锦葵"（mauve）的紫色花而被化学家们称作"锦葵紫"。这项专利获得了巨大的成功，经苯胺紫染过的织物因色彩美丽而价格昂贵，但生产成本却不高。不久之后，世界各地的人们，从维多利亚女王到普通女工，都穿上了拥有这种时髦色彩的服饰。帕金的染料以及由他发明的用于合成染料的媒染剂（也叫固定剂），彻底革新了时尚行业。

实验 | 合成染料

试着利用食用色素或饮料浓缩物来为纱线染色，或是染出一缕彩色的发丝。这些色彩鲜艳的化学物质都和威廉·亨利·帕金于1856年首次调制出的苯胺紫有关。

▶ 实验材料
→ 白色或奶白色的羊毛纱线
→ 白醋
→ 小碗或小瓶子
→ 液态的食用色素或少量有颜色的饮料混合物，例如芬达
→ 剪刀

▶ 安全提示和注意事项
→ 做实验前穿上旧衣服。食用色素会弄脏衣服和皮肤。
→ 尽可能使用羊毛含量最高的纱线，化纤纱线可能不适用于本实验。
→ 如果为深色头发染色，使用由饮料混合物和水制成的浓缩染料的效果可能更好。

▶ 实验步骤

1 并拢四根手指，将纱线在手指上缠绕几圈，脱下后在纱线圈中央位置打个结系住。（图1）

2 在小碗中放入足量的白醋，以能覆盖制作好的纱线绳结为宜，将其放入白醋中浸泡10～15分钟。（图2）

3 另取若干小碗或小瓶子，各往其中倒入 $\frac{1}{2}$ 杯（约120毫升）白醋，小碗或小瓶子的数量取决于你打算使用多少种色素。随后，添加数滴食用色素或饮料混合物到每个容器里，直到你认为颜色已经足够饱满浓重，搅拌均匀。（图3）

图7：用清水冲洗纱线并晾干。

4 将纱线放入食用色素和白醋的混合物中。（图4）

5 在这些染料中浸泡纱线15分钟到1小时。（图5）

6 分出几缕头发，将其浸在白醋中5分钟，然后再浸泡在加入了几滴食用色素的白醋中，持续15分钟到1小时。（图6）

7 用清水冲洗纱线并晾干。为你这件漂亮的染色艺术品找个有创意的用途。（图7）

8 如果你是为头发染色，先将染过色的头发用清水冲洗，然后再吹干，避免颜色蹭到你的衣服上。（图8）

✳ 奇思妙想

试着在白醋中浸没煮熟的鸡蛋，用同样的工艺为其上色。

图1：卷一捆纱线并打结系住。

图2：将羊毛纱线浸泡在白醋中。

图3：在白醋中添加食用色素或饮料混合物。

图4：将纱线放到食用色素和白醋的混合物中。

图5：将纱线浸泡在染料中。

图6：先用白醋浸泡一缕头发，然后再用添加了食用色素的白醋继续浸泡。

科学揭秘

在威廉·亨利·帕金找到方法从煤焦油中合成出苯胺紫之前，想要获得紫色的织物染料极其困难，而且生产成本高昂。历史上，紫色一直被认为是"皇家"的色彩，因为只有非常富有的人才负担得起，而最好的一种紫色染料——提尔紫（也叫骨螺紫）只能从一种海螺的分泌物中提取。

不再需要海螺

继帕金的发现之后，人们又从煤焦油中提取出了各种新型合成染料，包括洋红、正红、粉红和靛蓝。它们通常是稳定的大分子，含有由碳和氢构成的环状结构，它们的颜色取决于化学物质如何吸收光线。

醋浴

酸性染料，如食用色素，会在酸性环境下发挥最优的效果。白醋是被水稀释的醋酸，非常适合用来给羊毛染色。在酸性条件下，天然纤维（羊毛和头发）会像磁铁一样吸引染料，从而在纤维和彩色分子之间形成氢键。

当今世界

现在，苯胺主要被用于塑料和聚合物的生产，也被用于制造乙酰氨基酚（一种止痛药，俗称扑热息痛），以及你穿着的牛仔裤用到的靛蓝染料。

图8：用清水冲洗头发并吹干。

化学家丨德米特里·门捷列夫

Dmitri Mendeleev

——生于1834年

艰难的童年

1834年，德米特里·门捷列夫在俄国西伯利亚出生，是12个孩子中最小的一个。出生的那一年，他的父亲失明了，于是母亲只能全职工作，运营家里的玻璃厂来养活孩子们。门捷列夫13岁时，父亲去世。不久之后，工厂在一场大火中被烧毁。对于门捷列夫和他的家庭而言，生活并不容易，但门捷列夫的母亲很早就发现了他的天赋，并尽可能让他充分发挥出自己的潜能。为了让他能够接受良好的教育，母亲带着他前往圣彼得堡。然而刚到圣彼得堡不久，母亲也去世了。

教育经历

16岁时，门捷列夫进入师范学院学习，希望能像他的父亲那样成为一名教师。他热爱化学，20岁时就开始发表科研论文。门捷列夫的很多研究是在他自己公寓里的实验室完成的，同时他一生都在与肺结核这种传染病作斗争。在离开了一段时间以后，他又回到了圣彼得堡，完成他的研究生学业并在大学里教书。

灵光一现

由于找不到一本他认为足够好的无机化学①教科书给学生使用，门捷列夫便决定自己写一本。当时他已经花费几个月的时间撰写了一本有机化学教科书。就在写作的时候，他对比了所有当时已知化学元素的性质，并注意到原子量相似的元素之间有着相似性。基于元素的组别和原子量，他试着用不同的方法对这些元素进行排列。传说他曾在办公桌上睡了过去，在梦里解开了元素排列的谜题。醒来以后，他便编写了我们如今看到的这种元素周期表②，只是缺少了那些在当时尚未发现的元素。

不只是一张表

除了绘制元素周期表，门捷列夫还预测了一些在当时尚未被分离出来的元素，这些元素有朝一日会填补他这张表的空缺。在流体力学、气象学以及石油化学等科学领域，他也做出了许多贡献。当女性被允许进入俄国的大学读书时，德米特里·门捷列夫自告奋勇为她们义务授课。如今，全世界的科学家和学生们依然每天都在使用元素周期表。

---

① 过去认为无机物质是无生命的物质，如岩石、土壤、矿物、水等；而有机物质则由有生命的动物和植物产生，如蛋白质、油脂、淀粉、纤维素、尿素等。后来"有机物只能由生命力产生"的迷信被破除，明确了这两类物质都是由化学力结合而成。现在的有机化学通常以碳化合物和其他碳基化合物为研究对象，而无机化学涉及除碳基团以外的所有化合物的研究。（编者注）

② 元素周期表是依照原子序数、原子核外电子排布情况和化学性质的相似性来排列化学元素的表格。具体参见本书第120～121页。（编者注）

实验 | 元素周期表

德米特里·门捷列夫注意到原子量相似的元素具有相似性，并利用这一发现整理出元素周期表。在本实验中，你可以绘制你自己的元素周期表，看看它是如何帮你融会贯通无机化学的。

▶ 实验材料

→ 118个带有盖子的透明小容器，例如一次性的样品杯或透明的塑料装饰品

→ 元素周期表（参见第120～121页）

→ 大尺寸的纸板或木板，可以将容器放在上面进行整理

→ 永久性记号笔

→ 代表质子和中子的小物件（见下文中的"安全提示和注意事项"）

→ 胶水或热熔胶枪、热熔胶棒

▶ 安全提示和注意事项

→ 使用诸如纸张打孔器打出的圆纸片或面包屑之类的小物件来代表质子和中子。在一些圆纸片上写下数字"10"以代表10个质子或中子，或用更大的面包屑代表10个质子或中子，而较小的面包屑则代表单个质子和中子。在使用热熔胶枪的时候，要有成年人在旁监护。

▶ 实验步骤

1 翻到本书第120～121页的元素周期表。一边看着元素周期表，一边对透明的容器进行排列，每一个容器代表一种元素。（图1）

图3：给容器做上记号。

2 从元素周期表上找到元素的原子序数。在每个容器中加入面包屑或其他小物件以代表质子和中子。要算出该元素有多少中子，可以用原子量的数字减去原子序数。（图2）

3 给每一个容器做上记号，标记它所代表的元素名称。（图3）

4 你可能需要在某些容器中匹配超过200个质子和中子，因此需要一些能够直接代表10的物件，这样才能简化操作！（图4）

5 使用打孔器打出的小圆纸片非常合适，因为它们不是很占空间！（图5、图6）

6 玩个游戏吧：将各种元素的顺序打乱，再将它们放回正确的位置。或者将它们粘贴到纸板或木板上以保持固定顺序。（图7）

✦ 奇思妙想

研究不同的元素。试着制作一段有关元素周期表的动画，并基于元素的物理与化学性质给每个元素赋予独特的个性。

图1：按元素周期表排列容器的位置。

图2：在每一个代表元素的容器中加入代表其质子和中子的小物件。

图4：一些元素包含超过200个质子和中子，所以，请提前规划小物件的数量！

图5：打孔器打出的小圆纸片很适合当作质子和中子的替代物。

图6：一大把小圆纸片也能被轻松地放到单个容器中。

图7：利用元素周期表来玩排列游戏，也可以把"元素"黏粘固定住。

科学揭秘

古希腊哲学家德谟克利特（Democritus）早在2000多年前就提出了"原子"的概念，但是直到1803年，才由英国一位名叫约翰·道尔顿（John Dalton）的大学教授将这一理论具体化。他的原子理论指出，物质是由不可见的基本构造块组成，这种构造块被称作原子，任何一种特定元素的所有原子都是一致的，并且不同元素的原子在质量和特性方面均与其他元素不同。他接着表述，化合物是由两种或更多原子结合在一起形成的，原子通过重组可以形成不同的分子，但是在此过程中没有新的原子被创造出来，也没有已经存在的原子会被破坏。基于这些基本原理，早期的化学家就能够通过不同元素在化合物中的相对量计算出它们的质量。

他们从实验中发现，某些元素会表现出相似的特性，便开始将这些相似的元素归为一类。

当门捷列夫开始按照元素的原子量排列元素时，他惊奇地发现，当他在自己设计的新表格里把元素横向排列时，化学性质相似的元素会被排在同一列。从左到右，他发现每一行都出现了相似的模式。反应性质特别活泼的元素出现在表的最左端，而最不活泼的元素出现在表的最右端。[①]这种会重复出现的模式被称为周期性，于是元素周期表就此诞生了。

现代的元素周期表基于同样的原则。你会发现，非常活泼的金属位于表的左端，不容易反应的非金属则位于表的右端。

① 这部分表述说的是现代的元素周期表，最左端是活泼的碱金属，最右端则是惰性气体。在门捷列夫开始编排元素周期表的时候，惰性气体还没有被发现，当时的元素周期表最右端的是非常活泼的卤素元素。（译者注）

Svante August Arrhenius

化学家 I 斯凡特·奥古斯特·阿伦尼乌斯

—生于1859年

创新的化学家

1859年，斯凡特·奥古斯特·阿伦尼乌斯出生于瑞典，3岁时就学会了阅读，还是一位数学奇才。他在学校里功课非常出色。到1881年时，他已经在研究电流是如何在食盐水这样的化学物质溶液中传导的课题。带有电荷的原子或原子团被称为"离子"，阿伦尼乌斯提出了一个观点：摇动食盐（氯化钠）使其在水中溶解时，它会分裂成离子，分别是正电荷的钠离子和负电荷的氯离子，它们能够传导电流。阿伦尼乌斯是第一位提出这一想法的化学家。

伟大的设想

阿伦尼乌斯进而提出，溶液中的化学反应是在离子的帮助下实现的。1884年，根据不同的化学物质溶解于水后形成的离子种类，他给酸和碱下了定义：将那些溶解在水中能产生氢离子的化学物质称为"酸"，将那些会产生氢氧根离子的化学物质称为"碱"。后来，他又提出了一个观点，认为大部分化学反应会出现一种能量障碍，必须在反应发生前通过加热来克服此障碍，这部分热量被他称为"活化能"。

推动诺贝尔奖

1900年，阿伦尼乌斯帮助组建了诺贝尔学会并设立了诺贝尔奖，根据他的好友——瑞典科学家阿尔弗雷德·诺贝尔（Alfred Nobel）的遗嘱，将其留在世上的财富用于奖励那些"为人类做出最伟大贡献"的人。第一届诺贝尔奖在1901年颁发，而在1903年，斯凡特·阿伦尼乌斯因为他在离子溶液方面的工作，成为第一位获得诺贝尔化学奖的瑞典人。他曾是多个著名科学院的院士，并持续为科学做出重要贡献，其中包括对毒素和解毒剂的研究，还有二氧化碳对全球温度影响的研究。

不道德的行为

不幸的是，阿伦尼乌斯的行为也给他的科学成果留下不光彩的污点。作为诺贝尔奖委员会中一名活跃的董事会成员，自1905年到他去世为止，他似乎利用自己的影响力，将奖项授予那些与他关系友好的科学家，并拒绝授予那些他不喜欢的人。在玛丽·居里（参见实验11）获得诺贝尔化学奖的那一年，他鼓励她前来斯德哥尔摩亲自领奖。然而，当一桩有关居里夫人的私人丑闻被报社曝光后，他又建议她在丑闻被澄清以前不要领奖。居里夫人没有理会他，依然前往瑞典，领取她受之无愧的奖章，并发表演说重申她的发现，即放射性是原子的特性。斯凡特·阿伦尼乌斯也是一家瑞典机构的董事，该机构宣扬有关优生学的种族主义伪科学。

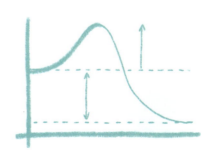

实验｜温度与化学反应

尝试制作"熔岩灯"，以此来研究赛尔策药片在热水和冰水中的反应速度的差别。

▶ 实验材料

→ 2个或更多个透明塑料水瓶，去掉盖子
→ 托盘或烤盘
→ 若干杯植物油
→ 液态的食用色素
→ 赛尔策药片①
→ 冰块

▶ 安全提示和注意事项

→ 赛尔策药片中含有药物成分，因此太年幼的孩子在操作这项实验时应有成年人在旁监护。
→ 将瓶盖扔到一边，防止在赛尔策药片被放入瓶子后又意外地将瓶盖盖上。
→ 在室温条件的水中完成一次化学反应并观察现象。然后在热水和冷水中各重复一次，对比几次实验的化学反应速率。

图7：热水或冷水，哪个会和赛尔策药片更快地发生反应呢？

▶ 实验步骤

1 从每个水瓶里倒出大约三分之二的水（室温）。（图1）

2 将瓶子放到托盘上。向瓶中倒入植物油，植物油会浮在水面上方，直至距离瓶口约5厘米。（图2）

3 在每个瓶子中加入几滴食用色素。（图3、图4）

4 将赛尔策药片一分为二，然后全都投入瓶子中以启动化学反应。当赛尔策药片溶解在水中时，便会产生二氧化碳气体。（图5）

5 重复这一实验，但是一个瓶子里用热水，另一个瓶子里用冰水。两个瓶子里的水面高度相等。（图6）

6 往热水中添加红色色素，往冷水中添加蓝色色素。哪一个瓶子里发生的反应会更快地生成二氧化碳气体？（图7）

☀ 奇思妙想

化学反应也会在生命体中发生。将1茶匙（5克）酵母加入 $\frac{1}{4}$ 杯（60毫升）温水中，再放入小自封袋中并封口。在另一个自封袋中装入 $\frac{1}{4}$ 杯（60毫升）冰水，也加入1茶匙（5克）酵母。对比因酵母生长而产生的二氧化碳气体让每个袋子膨胀起来的速度。注意：要在袋子被胀破前将其打开！

---

① 赛尔策（seltzer tablets）是一种用于治疗消化系统疾病的药物。可用泡腾片替代此药片进行本实验。（译者注）

图1：从水瓶中倒出三分之二的水（室温）。

图2：用植物油填充水瓶，顶端留下一点空间。

图3：在每个瓶子中加入几滴食用色素。

图4：选择你最喜欢的颜色。

图5：将一片赛尔策药片放入瓶子。

图6：使用热水和冷水重复实验。

 ## 科学揭秘

分子是通过有能量的化学键组合在一起的原子团。在合适的条件下，当分子撞击到某些其他分子时，化学反应便发生了。当反应发生时，化学键会断裂，电子发生交换，产生新的分子。

化学反应发生时会发生三件事：分子必须发生碰撞；它们在撞击时，必须处于合适的位置或方向；碰撞必须具有足够的能量以促发反应。

阿伦尼乌斯利用数学推导出了一个方程式，可以精确地计算出发生化学反应所需的能量，并将这部分能量命名为"活化能"。在给定的温度条件下，活化能越大，反应速度就越慢，如果对反应中的分子添加能量或给予光照，就可以为它们提供足够的能量以克服活化能的能量障碍，从而让反应更加迅速。

在本实验中，我们设计了赛尔策药片和水之间的化学反应以产生二氧化碳气泡。尽管我们没有测量活化这一反应需要多少能量，但是很明显，使用热水产生气泡的速度要远远快过使用冷水。出现这种现象是因为热水比冷水含有更多的能量。在热水中，分子会运动得更快一些，撞击得更加频繁，从而有足够多的能量活化这一化学反应并产生二氧化碳气泡。

化学家 | 阿格内斯·普克尔

Agnes Pockels

——生于1862年

厨房里的化学家

阿格内斯·普克尔于1862年出生于威尼斯①。她的父亲是奥地利皇家军队里的一名军官，但在她9岁时，父亲因疟疾而病重。她举家迁往德国下萨克森州的布伦茨维克。尽管她进入了一所女子高中并对科学着迷，但在当时，（德国）女性不被允许进入大学。她一心继续学业，却被迫在兄弟上大学时留在家里照顾生病的双亲。

厨房水槽边的科学

幸运的是，阿格内斯始终对化学领域充满好奇心。在厨房水槽边刷洗盘子的时候，她开始注意到一些有趣的现象：她对于油和小颗粒是如何在水面上形成薄膜的问题非常着迷，并观察到这些薄膜会被肥皂或其他一些物质破坏。阿格内斯将她的厨房改造成一间实验室，沉浸其中研究表面张力。表面张力指的是分子与液体表面结合在一起的方式。她的弟弟弗雷德里希（Fredrich）当时正在大学里学习科学，注意到姐姐对知识的渴求，就尽其所能用各种方式支持她。除了观察她的工作，他还帮助姐姐找到一份物理期刊，这样她就可以了解其他科学家在装备更先进的实验室里正在做的研究。

滑槽

20岁时，阿格内斯发明了一种"滑槽"，通过在滑槽内液体表面滑动金属丝或金属带来研究液体表面的行为方式。她利用自制的这个装置制造出非常薄的液膜，然后测试诸如细小粉末等不同沾染物对表面张力的影响。这个装置可以用来给表面均匀地涂抹颗粒层，还可以用于清除表面的沾染物。

发表

阿格内斯给另外一位研究液体表面的科学家②写信，分享了她的研究结果。那位科学家大为折服，帮助她将研究成果最终发表在著名的科学期刊《自然》（Nature）上。她很开心地得知其他科学家正在使用着她的研究成果，也在他们的实验室里设计了滑槽。随后，阿格内斯继续研究表面张力，她的工作为表面张力研究和材料科学领域带来了很多发现与创新。

善良的心

阿格内斯·普克尔的弟弟在1913年去世，随后爆发了第一次世界大战，在此期间，她钟爱的物理期刊也不再出版。她在默默无闻中度过余生，但同时仍不断地帮助他人。在她去世之前的四年，阿格内斯获得了由德国胶体学会（German Colloid Society）颁发的"劳拉·莱昂纳德奖"（Laura R. Leonard Prize），颁奖词中说道："表彰她在界面性质和表面膜方面做出的大量研究，以及她所使用的方法，这些方法后来成为现代胶体科学的基础。"

---

① 当时的威尼斯处于奥地利统治之下。（编者注）
② 这里指英国剑桥大学的约翰·威廉·斯特拉特（John William Strutt），也被称为瑞利勋爵，"瑞利散射"即以他为名。（编者注）

实验 | 表面张力

阿格内斯·普克尔是表面化学的创立者，她一生挚爱科学却被困在了家务劳动中。有一天，在洗盘子的时候，她对流体的表面张力产生了浓厚兴趣，接下来发生的一切被记录在历史中。在本实验中，你会使用洗涤剂和酒精来破坏牛奶、水和油的表面张力。

图8：观察表面张力的变化。

▶ 实验材料

→ 小盘子
→ 液态洗洁精
→ 大盘子
→ 牛奶
→ 液态的食用色素
→ 棉签
→ 植物油（或菜籽油）
→ 玉米淀粉、细碎的胡椒粉或糖粉
→ 装在喷雾瓶中的外用酒精（异丙醇）
　（可选）

▶ 安全提示和注意事项

→ 如果使用外用酒精，需要在室外或通风良好的区域进行本实验。年幼的孩子在操作时，必须有成年人在旁监护。建议戴上防护眼镜。

▶ 实验步骤

1 在小盘子里混合水和挤出的一大股洗洁精。

2 在大盘子上倒上浅浅的一层牛奶。（图1）

3 在牛奶中加入几滴食用色素。(图2)

4 用棉签在混有洗洁精的水中蘸一蘸，随后用棉签头与牛奶的表面接触以破坏其表面张力。握住棉签，将其控制在固定的位置上，观察盘子里的食用色素会发生什么变化。（图3、图4）

图1：将牛奶倒入大盘子。

图2：在牛奶中加入几滴食用色素。

图3：用蘸有洗洁精溶液的棉签触碰牛奶，破坏其表面张力。

图4：将棉签固定在一个位置，观察会发生什么现象。

图5：在染色的水中加入油。

图6：用蘸有洗洁精溶液的棉签触碰水、油和食用色素的混合物。

图7：戴上防护眼镜，对着油水混合物喷射外用酒精。

图9：用照相机连拍，记录下液体的运动，再慢速回放观看。

5 取一个新盘子，将水和一滴食用色素混合在一起。再在盘子中加入少量油。（图5）

6 向油中滴入一些食用色素，然后添加一些细小的粉末（可选），如玉米淀粉、胡椒粉或糖粉。用沾有洗洁精溶液的棉签与油触碰，观察会发生什么现象。（图6）

可选：将外用酒精喷射到食用色素、水、油和粉末的混合物上，观察表面张力会发生什么现象。（图7~9）

☀ 奇思妙想

用相机记录本实验，慢速回放，观看流体的运动。

研究使用洗洁精破坏表面张力时，悬浮在牛奶或水中的不同粉末会有怎样的反应。

利用羽毛或纸巾之类的不同物品从水面上清除油滴或粉末。洗洁精能清除羽毛上的油滴吗？（图10）

在家里洗刷盘子，看看洗洁精是如何分解水槽中的油脂的。

图10：尝试不同的方法，以物理的方式从水中清除油滴。

💡 科学揭秘

水分子喜欢团簇在一起。它们被称为"极性分子"，因为它们具有正电性和负电性的两极，就跟磁铁一样。其中一极有两个较小的氢原子悬挂在外，带有正电荷，而在氧原子的那一端则带有少量负电荷。就和弱磁铁一样，水分子的正电性区域会吸引附近水分子的负电性区域。

如果你将液态的水倒入盘子，具有吸引力的水分子会从各个方向相互拽拉，这也让大部分水分子在液体中移动时可以保持相对均匀的间距。但位于表面的水分子则是例外，因为它们与空气相邻，没有东西从上方对它们产生拉力，因此它们会紧紧地挨着邻近的水分子。

于是，紧贴着空气的水分子在液体表面形成了一层有弹性的"皮肤"，这种分子在水面上伸展的方式被称为"表面张力"。牛奶的主要成分是水。在本实验中，洗洁精就像是一把化学刀，可以切开牛奶和水的表面张力，食用色素和漂浮颗粒就能够自由地在液体中旋转。用洗洁精和酒精做实验也充满乐趣，可以观察它们如何破坏水、食用色素和油三者混合物的表面张力。

═ 实验 11 ═

化学家 | 玛丽·居里

Marie Curie

——生于1867年

放射性研究的先驱者

玛丽·居里，原名玛尼娅·斯克罗多夫斯卡（Manya Sklodowska），1867年出生于一个充满着欢声笑语的有爱家庭，家中遍布着各种书籍，还有她父亲的科学仪器。

她的童年在波兰度过，从一开始就充满了挑战，当时处于沙俄政权的统治之下，这迫使她的父亲辞去了学术工作，全家搬入一座公寓并在那里开办了一所寄宿制学校以维持生计。前来此处寄宿的一名男孩携带了体虱，由此引发了斑疹伤寒病的传染，玛丽最挚爱的大姐若莎（Zosia）因此去世。两年之后，肺结核又夺走了玛丽母亲的生命。

波兰

这位总是神情严肃的灰眼睛女孩将教育视为避难所。17岁时，她积极地参与到一所秘密的"移动大学"中，开始学习化学和生物，潜心研究文学和文化。她开始相信，教育是反抗压迫的唯一路径。后来她在一个富裕的家庭里做保姆，并开始给周围那些穷苦的孩子辅导功课，教他们学会阅读。最终，她赚到了足够的钱，在1891年来到巴黎与姐姐团聚，进入著名的索邦大学（即巴黎大学）追逐她的梦想。

巴黎

玛丽陷入了对数学和物理深深的热爱之中，并且很快以全班第一名的成绩从索邦大学毕业。她学习得非常投入，经常连饭都忘了吃。当她为一些实验器具寻找一处落脚处时，遇上了皮埃尔·居里（Pierre Curie），这个男人后来成为她在科学和生活中的伴侣。他们一起踏上了非凡的探险之旅。

奇怪的射线

在攻读博士学位期间，玛丽决定研究一种奇怪的新射线，此前一位名叫贝克勒尔（Becquerel）的科学家已经发现这种射线会从铀元素中发射出来。在搜寻了其他能够天然发射出这些射线的元素与矿石后，她发现了一种叫作"沥青铀矿"的铀矿废弃物，它比铀本身能够发射出更强的射线。通过对这种矿石废弃物进行化学分离并检测每一部分后，她发现了两种新的元素——钋（Polonium）和镭（Radium），其中钋以她的故乡波兰（Poland）命名。此后，她又花了四年的时间去提纯一块镭的样品，从数吨的矿石废弃物中只能提纯不到米粒大小的一块样品，但是当她珍爱的元素在元素周期表上找到自己的位置时，一切付出都是值得的。她还创造了"放射性"这个词。她本可以通过将她的提取方法申请专利而获得一笔小小的财富，但是玛丽却坚信每个人都应当从科学发现中受益，因此她无偿地将她的技术分享给科学界和工业界。

放射疗法

起初，玛丽和皮埃尔并不知道他们的发现究竟有多危险，只是他们的指尖在抓取装有镭元素的小瓶子时会开裂，而且这种元素会在黑暗中发出美妙的蓝色冷光。经过几次因有意为之的实验而导致的意外皮肉烧伤后，他们帮助创建了第一种能够定向杀死癌细胞的放射疗法。尽管镭元素已经不再用于放射性疗法，但这种技术如今还在被用来治疗某些癌症。

两次获得诺贝尔奖

玛丽·居里是第一位获得诺贝尔物理学奖的女性，后来她又第二次获得诺贝尔奖，这一次是化学奖。尽管因为工作中接触到的放射性而缩短了寿命，但她的好奇心、勤奋工作的态度以及坚定不移的精神改变了世界，至今仍在激励着科学家们。

实验 | 元素提取

玛丽·居里创造了"放射性"这个词，她最为著名的工作就是发现了钋元素和镭元素，然后开发了一种从岩石中提取镭的方法。在本实验中，你将会模拟一种她所使用的化学反应，利用泻盐、玉米淀粉和食用色素来纯化"镭元素"。

▶ 实验材料

→ 烤箱
→ 铝箔烤盘或普通烤盘
→ $\frac{1}{4}$ 杯（约32克）玉米淀粉
→ $\frac{1}{4}$ 杯（约56克）泻盐（即硫酸镁）
→ 液态的食用色素，黄色的和蓝色的
→ 1汤勺（约3克）干燥的迷迭香叶（可选）
→ 咖啡滤纸
→ 1个用于过滤的玻璃杯和1个能够容纳至少2杯（约475毫升）液体的大玻璃杯
→ 水
→ 大号耐热盘
→ 1汤勺（约15克）洗涤用碱（即碳酸钠，又名苏打）

▶ 安全提示和注意事项

→ 洗涤用碱是一种较强的碱，通常用作清洗衣物的洗涤剂。它会刺激皮肤和眼睛，因此建议在使用洗涤用碱的时候戴上防护眼镜。年幼的孩子操作时需要有成年人在旁监护。

图5：你模拟的铀矿石废弃物已经可以用于化学反应过程。

▶ 实验步骤

1 将烤箱设定到最低档（如77℃）。在烤盘中混合玉米淀粉和泻盐。加入1汤勺（约15毫升）水，再次混合，直到你发现有一些小疙瘩看起来像岩石一样。（图1）

2 在混合物中滴入大约5滴黄色的食用色素，然后再滴入5滴蓝色的食用色素。（图2）

3 稍微搅拌一下，将混合物在烤盘里压延开来。在烤箱中烘干混合物大约1个小时，每15分钟搅拌一下。等混合物干燥后，将其从烤箱中取出并冷却。（图3）

4 将迷迭香搅入其中（如果使用的话），代表那些混入玛丽·居里所用铀矿石废弃物中的松针。（图4、图5）

5 加入1杯（约235毫升）水。用勺子压碎这些玉米淀粉"岩石"并搅拌，直到所有物质都溶解。撇出漂浮在表面的迷迭香。（图6）

6 将咖啡滤纸铺在一个或两个玻璃杯的杯口上，折叠超出杯口以外的滤纸边缘，过滤溶液，从而清除其中的松针和玉米淀粉。重复这一操作，直到液体变得透亮。（图7）

7 当泻盐溶液在滤纸上过滤时，在1杯（约235毫升）温水中加入洗涤用碱，搅拌使其溶解。确保使用的是温水而不是热水。

图1：将泻盐、玉米淀粉和水混合。

图2：在泻盐和玉米淀粉的混合物中加入食用色素。

图3：在烤箱中烘干混合物或将其风干。

图4：将干燥的迷迭香加入其中，代表混在玛丽·居里所用的铀矿石废弃物中的松针。

图6：加入水以溶解玉米淀粉制成的岩石，并撇去模拟的松针。

图7：用咖啡滤纸过滤，直到溶液清澈，保留绿色的滤液。

图8：在透明的容器中加入绿色的滤液。

图9：慢慢地将洗涤用碱的溶液倒入绿色的滤液中。

图10：观察这个化学反应。

图11：将会形成白色的沉淀。

8 将绿色滤液倒入可容纳2杯（约475毫升）液体的透明容器中。（图8）

9 在绿色的硫酸镁溶液中加入清澈的碳酸钠（洗涤用碱）溶液，观察该反应的产物——白色碳酸镁沉淀逐渐形成。（图9～11）

10 将白色沉淀物舀到倒扣在杯口的咖啡滤纸上，用水将其润湿。将沉淀物转移到耐热的盘子中，在烤箱的最低设定温度或在烤箱灯下将其烘干。（图12）

11 对比沉淀物和最初的原料。（图13）

图12：将沉淀物舀出并烘干。

图13：对比沉淀物与最初的原料。

 科学揭秘

当马车把数吨尘土飞扬的沥青铀矿废弃物运到实验室的时候，玛丽·居里非常激动，因为她知道其中含有一种她命名为镭的微量元素。她将尘土和松针清除后，又粉碎了岩石，将这一大锅废弃物用强酸或强碱煮沸，只为收集一种叫做硫酸钡的化合物，其中就含有硫酸镭。

玛丽·居里用碳酸钠（洗涤用碱）处理这些硫酸盐残留物，从而将其转化为碳酸盐，并生成了一种固态的产物，即沉淀物。她过滤出这种沉淀物，将其洗净，通过化学反应又将这种碳酸盐重新转化为硫酸盐。她不断重复这一过程，目标就是提纯出那一丁点的镭。

在本实验中，你利用玉米淀粉、泻盐（硫酸镁）、食用色素和代表松针的迷迭香，制造出模拟的沥青铀矿废弃物。利用和玛丽·居里所做的相似的化学反应，将碳酸钠（洗涤用碱）加入其中，从而将硫酸镁转变为碳酸镁，并形成一种不溶于水的沉淀物。将这种沉淀物过滤，并洗脱大部分食用色素后烘干，就可以获得相对纯净的碳酸镁样品。

实验 12

化学家 | 瑟伦·索伦森

——生于1868年

Søren P. L. Sørensen

从农村到城市

瑟伦·索伦森于1868年出生在丹麦的一个农场家庭。他的梦想是成为一名医学博士，而不是像他的父亲那样当个农民，因此他在18岁时进入哥本哈根大学。在学校期间，乔根森（S.M. Jorgensen）教授说服他，让他将目光投向化学而不是医学，就此改变了他的人生方向。

工业教育

求学期间，索伦森还在丹麦理工学院的一间化学实验室里工作。他的技能和兴趣也让他涉足了大学以外的工作，包括对他在丹麦农村的家乡进行地质考察，还有在皇家海军造船厂担任顾问。最后，他获得了哥本哈根大学的博士学位，33岁时在嘉士伯实验室谋得了一份工作。

酿造出更好的啤酒

嘉士伯实验室是一间酿造工厂，任务是酿出更好的啤酒。酒精饮料的酿造是最古老的化学工业之一，它利用生物发酵的过程，在谷物和水果中加入诸如酵母之类的微生物。随着微生物消耗糖类物质，它们会在啤酒中产生二氧化碳气泡和酒精。在嘉士伯实验室，索伦森研究了啤酒的化学性质，并且特别关注对发酵过程中饮料里的蛋白质的研究。

一种新的尺度

在索伦森研究酶这类如同化学剪刀手的蛋白质时，他注意到酶的工作效率取决于液体中有多少游离的氢离子。被称为酸的化学物质含有很多游离氢离子，而被称为碱的物质则不然。而在当时，并没有什么方法能够表示出一种特定的溶液中含有多少氢离子。为了解决这个问题，索伦森创造了pH值[①]，用来代表"氢的量"，pH的数值是一种基于数学的尺度。一种溶液中的游离氢离子越多，其pH值就越低。

实验室里的生活

索伦森博士的下半生一直待在嘉士伯实验室里。他的妻子玛格雷特·霍伊鲁普·索伦森（Margrethe Høyrup Sørensen）协助他进行了大量研究，而他的同事科尔顿·科斯比（A. J. Curtain Cosbie）曾写道，索伦森"是一位和蔼谦逊的人，总是愿意倾听那些知识储备不如他的人，而且总是乐于从他丰富的知识储备中传授些什么"。瑟伦·索伦森在1939年2月12日过世。

[①] pH值是表明溶液中氢离子活度的一种标度，也是衡量溶液酸碱程度的标准。通常溶液pH值小于7时呈酸性，pH值大于7时呈碱性。（编者注）

实验 | pH值

瑟伦·索伦森创造了pH值，用它来代表溶液中包含的游离氢离子数量。在本实验中，你可以通过紫甘蓝和姜黄制作一种pH值指示剂，用来测试厨房里的一些化学物质，比如小苏打和醋，这些物质会让酸碱指示剂的颜色发生变化。

▶ **实验材料**

→ 1茶匙小苏打（烘焙用碱，即碳酸氢钠）
→ 1个红色或紫色的紫甘蓝
→ 搅拌机
→ 1汤勺（约7克）姜黄
→ 白色的咖啡滤纸
→ 画笔
→ 生鸡蛋
→ 白色的小盘子或小碗
→ 白醋（可选）

▶ **安全提示和注意事项**

→ 用手拿了生鸡蛋之后要洗手。

图6：将小苏打溶液或白醋涂在纸花上，观察颜色变化。

▶ **实验步骤**

1 在 $\frac{1}{4}$ 杯（约60毫升）水中加入小苏打，将其放在一边。

2 切开半个紫甘蓝，放入搅拌机里，加水直至浸没，启动搅拌（如果没有搅拌机，可以烹煮紫甘蓝后收集煮出的汤液）。将液体滤出并保存，丢弃固体部分。（图1、图2）

3 在 $\frac{1}{2}$ 杯（约120毫升）水中加入姜黄。（图3）

4 用紫甘蓝汁和黄色的姜黄液涂在咖啡滤纸上，设计一些图案。（图4）

5 将涂有颜色的滤纸贴到窗户上。可以再用咖啡滤纸做出一根纸质的花茎，把这根花茎插在含有一小杯小苏打（步骤1）或白醋的溶液中，当液体因毛细现象顺着花茎"爬"到咖啡滤纸花朵上时，看看会发生什么变化。（图5）

6 轮流把这些纸花贴到窗户上，然后用小苏打（步骤1）或白醋的溶液涂抹它们。（图6）

图1：在水中混合紫甘蓝。

图2：将液体滤出并收集保存。

图3：在水中混合姜黄。

图4：在咖啡滤纸上画图案并晒干。如果愿意的话，可以将它剪成花的形状。

图5：将纸花贴到窗户上，把纸做的花茎插到小苏打的溶液或白醋中。

奇思妙想

利用pH指示剂去测试家里的其他物品，比如柠檬汁、洗洁精和泡菜汁，看看会发生什么。

7 将鸡蛋清倒入白色的盘子里，用画笔将紫甘蓝汁和姜黄溶液滴入其中，检测其pH值。（图7～11）

图7：分离蛋清和蛋黄。

图8：在蛋清中滴入pH指示剂。

图9：观察颜色变化。

图10：蛋清是酸性还是碱性的呢？

图11：为你的蛋清实验拍照。

 ## 科学揭秘

色素是一类颜色很深的分子，它们吸收特定波长的光，并反射其他波长的光。被称为酸碱指示剂的特殊色素，可以根据它们正处于酸性还是碱性环境而改变颜色。之所以会出现这个现象，是因为这些色素分子会在不同的化学环境中改变形态，从而吸收不同的光。

紫甘蓝包含一种被称为花青素的色素，它本身就是酸碱指示剂。紫甘蓝汁在水中看起来是紫色的，而水既不是酸性也不是碱性。然而，当你将它放入一种pH值比较高的碱性溶液中时，这种色素就会变成蓝色或绿色。

而在pH值比较低的酸性溶液中，紫甘蓝汁又会变成粉红色。姜黄则是另外一种情况，它在酸性溶液中是黄色，在碱性溶液中又会变成深红色。

将小苏打和白醋的溶液涂在酸碱指示剂上，可以让你测试出它们究竟是酸还是碱。醋的学名叫醋酸，它会让紫甘蓝变成粉红色，让姜黄变成黄色。小苏打也被称为碳酸氢钠，当它和水混合以后会形成碱性溶液，让紫甘蓝变成蓝色，让姜黄变成红色。当你将pH指示剂加到蛋清中时，又会发生什么现象呢？

化学家｜米哈伊尔·茨维特

Mikhail Tsvet

——生于1872年

多彩的科学家

米哈伊尔·茨维特喜欢植物，他的姓氏在俄语里面的含义就是"颜色"。米哈伊尔于1872年出生在意大利，母亲是意大利人，父亲是俄国人。他出生的城市叫阿斯蒂（Asti），坐落在两座小山中间。这里的葡萄酒闻名遐迩，还会举行一年一度的无鞍赛马活动"阿斯蒂赛马节"。米哈伊尔出生后不久，他的母亲就过世了，于是他搬到瑞士日内瓦，在那里度过了自己的童年。

早年获奖

获得了数学和物理的本科学位后，茨维特在研究生阶段将注意力转向了植物学。他发表的第一篇科学论文非常出色地描述了植物的解剖学，并因此获得了著名的戴维奖。1896年，他因细胞生理学方面的研究获得了博士学位，这一领域研究的是细胞如何发挥功能。

从头再来

后来，米哈伊尔·茨维特随父亲回到俄国。他不得不重返学校，因为那里并不承认瑞士的学位，但他并没有被这些障碍挡住前进的脚步。他继续着自己在植物方面的研究，同时在大学里为女学生教授植物学，并最终获得了第二个博士学位，这使他有资格担任实验室助理并工作了十四年之久，后来成了植物学教授。

彩色的绘画

1900年，茨维特博士发明了一种新的方法，让植物中的化学物质通过一根柱状的碳酸钙（白垩），以此分离植物的化学物质，他将这个方法称为色谱法。色谱（chromatranslates）这个词来自希腊词汇"chroma"和"graphein"，"chroma"的意思是"颜色"，而"graphein"的意思是"绘画"或"创作"。

在色谱法中，白垩柱呈现固定的状态，故而被称作"固定相"，而在白垩柱中移动的颗粒则被称为"运动相"。

化学标记

当化学物质从白垩中通过时，较小的颗粒会比较大的颗粒更快地通过这个圆柱体，并且在白垩上留下肉眼可见的环状标记，这样就可以被识别出来并进行研究。茨维特研究的化学物质被分离出绿色、黄色和橙色的色带。他对包含了叶绿素的色带有着特别的兴趣，这种物质让叶子呈现出饱满的绿色。尽管他向科学界发布了自己的新技术，但在色谱法的重要性得到认可前，他就英年早逝了，享年47岁。米哈伊尔·茨维特对科学的影响延续至今，因为科学家们仍然在实验室里常态化地使用色谱法。

实验 | 色谱法

试着使用粉笔和记号笔来研究色素这类化学物质是如何通过色谱柱并被分离的。

▶ **实验材料**

→ 白色的教学粉笔
→ 永久的或可擦的记号笔
→ 浅盘子
→ 外用酒精（异丙醇）或水
→ 纸和铅笔
→ 照相机（可选）

▶ **安全提示和注意事项**

→ 在室外或通风良好的区域操作这项实验。年幼的孩子使用外用酒精时需要成年人在旁监护。这个实验也可以利用水和可擦的记号笔来完成，适合推荐给孩子操作。

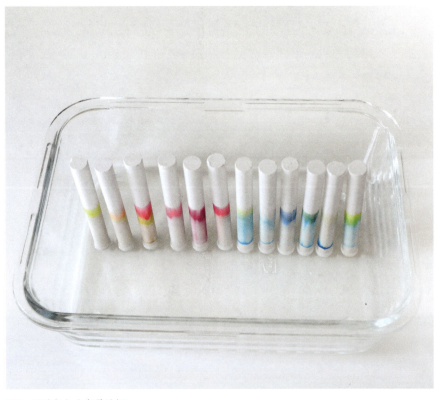

图6：哪种颜色分离得最好？

▶ **实验步骤**

1 在每一支粉笔上画出记号线，距离底端大约1厘米。每支粉笔使用一种颜色标记，绿色、橙色、棕色、粉色、紫色和黑色都可以。（图1）

2 将粉笔竖放在浅盘子里，靠近记号线的一端朝下。记下初始的颜色，并猜测这些颜色各自会分离出什么颜色。（图2）

3 如果使用永久的记号笔，在盘子中加入浅浅的一层外用酒精。酒精液面不应该超过粉笔上的记号线。如果使用可擦的记号笔，就在盘子中加水。（图3）

4 观察酒精或水沿着柱状粉笔向上爬的现象。（图4）

5 静待酒精或水继续沿着柱状粉笔向上爬，直到不同颜色被分离开来。每几分钟拍一次照片，记录下所有变化。（图5）

6 记录下哪些颜色被完美地分离出来，以及在每一支粉笔上可以分别看到多少条色带。你之前的猜测对吗？（图6）

✦ **奇思妙想**

试着利用天然色素来做实验：用一枚硬币蘸取植物色素，然后用它在咖啡滤纸裁出的纸条的底部划出一条植物色素线。将纸条粘在铅笔上，靠近植物色素的纸条那端浸在外用酒精中，纸条上的植物色素在沿着纸条向上爬时便会被分离出来。使用落叶或菠菜叶做这个实验都很合适。

图1：在每支粉笔上都用记号笔画上线。

图2：将粉笔竖放在浅盘子里，有记号的一段朝下。

图3：在浅盘子中添加浅浅的一层酒精。

图4：观察现象。

图5：观察正在分离的色素并对它们拍照。

 科学揭秘

在本实验中，液体沿着粉笔中碳酸钙颗粒之间的细小空间向上爬。酒精属于一类被称为溶剂的化学物质，它可以溶解永久墨水中的化学物质，当它沿着粉笔柱向上移动的时候，就会带着墨水一起向上爬。

色素是有颜色的，跑在前列的是很小的色素，而较大的色素跑得比较慢。它们努力地在粉笔的空隙中穿梭，不久后就出现了不同颜色的色带。某些色调，比如黑色和棕色，是由好几种颜色混合而成的，所以发现哪

些单一的色素合成出其他色彩也是很有意思的，比如绿色和紫色。

植物含有多种彩色色素，包括绿色的叶绿素以及红色、紫色、粉色与蓝色的花青素（参见实验12）。在秋天的时候，很多叶子不再制造绿色的叶绿素，于是红色、黄色和橙色的色素就可以通过纸色谱被分离出来（参见"奇思妙想"），这与粉笔色谱的效果类似。

实验 14

化学家 | 爱丽丝·鲍尔

Alice Ball

——生于1892年

艺术世家

爱丽丝·鲍尔于1892年出生于美国西雅图，她在很小的时候就接触到了化学。她的爷爷是一位著名的摄影师，也是美国最先采用银版照相法的摄影师之一，这种照相方法需要使用到碘、铜和水银。不幸的是，可能是因为接触了各种化学品，她的爷爷一病不起，爱丽丝一家只好搬到夏威夷住了一年，希望那里阳光明媚的气候和海风可以改善爷爷的健康状况。爷爷去世后，他们又回到西雅图，爱丽丝在那里获得了华盛顿大学的药物化学与药剂学学位。

夏威夷

在攻读研究生学位时，爱丽丝·鲍尔选择进入夏威夷大学，并成为该校第一位获得化学硕士学位的女性，同时也是该校第一位非洲裔美国人。她的研究生课题是分离出卡瓦根（一种胡椒科植物）中的化学成分，从中发现活性物质。哈利·霍曼（Harry Hollman）是附近一家医院的助理外科医师，听说了她对卡瓦根的研究之后，请求她帮忙找到治疗汉森病的办法，这种病也被称为麻风病。1865年，夏威夷的莫洛凯岛（Molokai）上建立了一处麻风病人隔离区，数千名患有此病的夏威夷人被送到了那里，试图以这种方式中断此疾病的传播。

麻风病的新疗法

作为夏威夷大学的教授，爱丽丝·鲍尔将教学之余的所有时间都用来研究如何更好地治疗麻风病，这是一种会让人容貌尽毁的疾病。当时，减轻汉森病症状的唯一办法就是注射或口服大风子油，这是从一种常绿树的种子中提取的产物。然而这种油的治疗效果并不是很好。让人无比疼痛的注射会在皮肤下形成一连串水泡，很不容易被病人的身体吸收，而且这种油的味道非常难闻，几乎不可能在喝下去的时候不呕吐。仅用了一年，23岁的鲍尔教授就找到了一种方法可以将这种油分离出不同的成分，后来她从中找到了一种可以被提取出来的化合物，将其制成一种更易于吸收的药物，供汉森病患者使用。

被窃取的工作

令人悲伤的是，爱丽丝·鲍尔在做出巨大发现后不久就去世了，年仅24岁。她可能是在一次实验验证过程中因接触氯气而中毒致死，但实际原因并不清楚。她的死亡证明被篡改为死于肺结核。当时的夏威夷大学校长也是一名化学家，他接管了爱丽丝·鲍尔的工作，并以自己的名字发表了她的研究成果，大量生产由她发明的药物。

一位盟友

当哈利·霍曼意识到发生了什么事之后，他将爱丽丝·鲍尔的科学发现被大学校长窃取的事情公之于众。霍曼自己也发表了一篇论文，将工作成果归功于爱丽丝，并将她的麻风病疗法命名为"鲍尔疗法"。在20世纪40年代抗生素被发明出来之前，爱丽丝·鲍尔的治疗方法是唯一一种对汉森病有用的药物疗法。最近，夏威夷大学为她树立了一块牌匾，授予她一枚奖章，并以她的名字命名了一项奖学金。夏威夷州如今还会庆祝"爱丽丝·鲍尔日"。

实验 1 提取有机油

试着用滴管或注射器从橙子皮中提取出油，将其从果汁和水中分离出来，再与你厨房里的其他油进行比较。

▶ 实验材料

→ 20个橙子
→ 橙子榨汁器
→ 剪刀
→ 大煮锅
→ 滤锅
→ 压蒜器（或土豆丝刮板、筛子）
→ 温度计
→ 小碗
→ 滴管或注射器
→ 小瓶子

图1：挤压橙子，把果汁收起来留着饮用。

▶ 安全提示和注意事项

→ 要想收集更多的油，就需要更多的橙子，并且在榨完橙汁后刮出果皮下的白色经络。大多数油位于果皮靠近表面的部位。
→ 橙子油可以在冰箱里保存三个月以上。

▶ 实验步骤

1 榨取橙子汁，果汁留着饮用，保留果皮。要想获得更多的油，可以将白色经络挖出。（可选）（图1、图2）

2 将橙子皮切丝，丝要小到足以放入压蒜器中。（图3）

3 将果皮放入煮锅中，加水没过果皮，加热到43℃。关闭热源，在滤网上滤出果皮，用手轻轻地挤压以去除多余的水分。（图4）

4 用压蒜器（或土豆丝刮板、筛子）从果皮中压出油，收集在碗中。（图5）

5 用滴管或注射器收集漂浮在液体表面的油，或者将液体冷冻后再倒出油。（图6）

6 将你制成的油装入瓶子，放在冰箱里保存。它可以用来给食物调味，或者给肥皂增香（参见实验2），还可以用作天然的驱虫剂。（图7）

7 对比橙子油和你家里的其他油，包括橄榄油、椰子油和植物油。哪些油在室温下是液态的？哪些油在冰箱中依然能保持液态？

🌟 奇思妙想

用实验1中蒸馏的方法提取橙子油或柠檬油这类柑橘油。

图2：削掉橙子皮。

图3：用剪刀把果皮剪成细条。

图4：加热到43℃并滤干。

图5：将油压出来，收集在碗中。

图6：用注射器或滴管收集油。

图7：在瓶子中保存橙子油。

科学揭秘

在治疗用油可以被分离成不同的成分并被爱丽丝·鲍尔博士这样的科学家研究以前，它们只能从植物中提取。有一种从植物中提取精油的方法被称为"冷榨"，这是机械方法。冷榨不需要使用很高的温度和冷凝工艺就能将油收集起来，但是需要将植物打碎、挤压，直到油脂被榨出来。随后这些油可以从榨出来的各种液体中被分离出来。

大多数柑橘植物的精油都储存在果皮接近表面的位置。一种被称为"柠檬烯"的无色液体是这种从柑橘皮榨出的油里面的主要成分。它属于一类叫做"萜烯"的化合物，植物分泌出它们以驱赶昆虫。大多数人会经常摄入一些柠檬烯，因为它会被加入一些食物和饮料中以增加柑橘的风味。在一些"天然"驱虫剂中也含有柠檬烯。

因为对精油进行分馏并进一步研究并不容易在家里操作，所以本实验将重点放在第一步：用冷榨的方法收集油。当你收集到油以后，就可以用它来给肥皂增香（参见实验2），也可以给甜点调味。甚至可以把它擦在皮肤上，看看它是否能够驱蚊。

Gerty Cori

化学家 | 格蒂·科里

—— 生于1896年

扬帆起航

格蒂·特蕾莎·科里（Gerty Theresa Cori）的名字取自一艘横渡大西洋的轮船，她于1896年出生在捷克的布拉格。她的父亲是一位化学家，经营一家炼糖厂，她在家里接受母亲的家庭教育，直到10岁才进入当地一所女子学校学习。在她16岁那年，她决定要成为一名医生，但却发现还有很多必修课没有学习。她非常努力，仅用一年的时间就学习了医学所需的科学、语言和数学学科。她的叔叔是一位儿科学教授，鼓励她去申请医学院，而她最终也如愿以偿，被布拉格的一所大学录取。

实验室伙伴

格蒂进入医学院后，遇到了卡尔·科里（Carl Cori），后者觉得她非常聪明，也很有趣。他们都喜欢户外活动，又都在实验室里工作。在完成了医学院的学习后，他们便结婚了。格蒂前往一所儿科医院的实验室工作，在那里研究儿童的甲状腺疾病。1922年，他们搬到了美国，希望在那里格蒂不会因为犹太血统而受到歧视。后来他们成了美国公民，并继续一起在位于纽约的现在叫作"罗斯威尔公园综合癌症研究中心"的机构里做研究。

科里循环

罗斯威尔研究所的一名主管不希望实验室里有女性出现，想尽办法让格蒂离开，但是卡尔站在她这边，于是她拒绝离开。尽管环境恶劣，科里夫妇还是在一起没日没夜地工作，研究人体是如何将糖转化为能量的。1929年，他们提出了"糖循环"，在这个循环中，肌肉中一种叫作"葡萄糖"的糖分子被分解成乳酸，肝脏又可以将乳酸重新转化成葡萄糖，供肌肉再次利用。在涉及这项工作的论文上，格蒂被列为第一作者，时至今日这一循环还是以她和卡尔的姓氏"科里"来命名。最终，科里夫妇来到了圣路易斯的华盛顿大学，在那里继续他们的研究。格蒂的兴趣重新回到她钟爱的儿科医学领域，研究儿童体内的代谢紊乱。

诺贝尔奖

1945年，格蒂·科里和卡尔·科里因发现科里循环而荣获诺贝尔生理学或医学奖，格蒂·科里因此成为第一位获得诺贝尔自然科学奖的美国女性，也是有史以来第三位女性获奖人。不幸的是，和同样获得诺贝尔奖的玛丽·居里以及伊雷娜·居里[1]一样，格蒂·科里可能也是因为暴露在放射线下而早逝。她对科学的贡献是如今还在继续的科学研究的基础。

---

[1] Irene Curie，居里夫妇的大女儿，1935年因人造放射性同位素研究与丈夫弗雷德里克一起获得了诺贝尔化学奖。（编者注）

实验 | 科里循环

试着用有颜色的酸碱指示剂来说明，科里循环是如何将疲惫肌肉中的乳酸带到肝脏中，又如何在肝脏中转化回葡萄糖并通过血管回到肌肉中。

▶ 实验材料
→ 半个红色或紫色的紫甘蓝
→ 炖锅或煮锅
→ 刀
→ 3个透明的容器，如玻璃杯
→ 1茶匙（约5克）小苏打
→ $\frac{1}{4}$杯（约60毫升）白醋
→ 纸巾

▶ 安全提示和注意事项
→ 在切削紫甘蓝的时候要有成年人在旁监护。
→ 如果紫甘蓝汁抵达最终代表"肌肉"的容器时仍然是粉色的，你可能需要往中间代表"肝脏"的容器里多加一点小苏打（$\frac{1}{8}$茶匙，约0.5克），这样它就会变回紫色了。

图7：颜色变化演示了肝脏如何将乳酸重新转化为葡萄糖并送回肌肉中。

▶ 实验步骤

1 将一半紫甘蓝切碎，放入锅中，加水没过，煮上5分钟。冷却后，滤出紫甘蓝残渣，保留紫色汁水。（图1）

2 在透明的杯子中加入$\frac{1}{2}$杯（约120毫升）紫甘蓝汁，贴上标签，写上"锻炼中的肌肉"。想象一下，杯中的紫色代表肌肉中的葡萄糖。（图2）

3 在第二个杯子里加入$\frac{1}{2}$杯（约120毫升）水，再混入小苏打，在杯子上贴上"肝脏"的标签，代表肝脏。（图3）

4 将第三个杯子放在最后，贴上"肌肉"的标签。代表肝脏的杯子应该放在两个代表肌肉的杯子中间。

5 想象一下，锻炼中的肌肉变得疲惫，乳酸开始在肌肉内部蓄积。在"锻炼中的肌肉"杯子里面加入白醋（一种酸）以模拟乳酸。这种酸会让紫甘蓝汁变成粉红色。（图4）

6 将纸巾对半折叠，折叠以后继续再折，直至变成长条状。用同样的做法折叠第二条纸巾。将长条从中对折，修剪掉两端的毛刺，这样就可以把它们比较顺利地放在三个容器中间。这些纸巾代表的是血管。

7 将第一条纸巾放在"锻炼中的肌肉"和"肝脏"杯子之间。将第二条纸巾放在"肝脏"和"肌肉"杯子之间。（图5）

8 观察会发生什么现象。一种被称为"毛细现象"的作用力会拽着液体顺着纸巾向上爬，从一个杯子转移到另一个杯子，直到三个杯子里液体的量相等。（图6）

9 最终，"肝脏"杯子中发生的化学反应会让流到"肌肉"杯子里的液体重新变为紫色，这代表肝脏将乳酸重新转变成葡萄糖，为肌肉提供了能量。（图7）

图1：切碎紫甘蓝。

图2：在一个杯子中加入 $\frac{1}{2}$ 杯（约120毫升）紫甘蓝。

图3：给第二个杯子贴上"肝脏"的标签，在其中加入小苏打和水。

图4：在"锻炼中的肌肉"杯子中加入 $\frac{1}{4}$ 杯（约60毫升）白醋，代表乳酸。

图5：用纸巾在杯子之间"架桥"。

图6：观察现象。

 奇思妙想

下一次，当你在运动中感到肌肉因乳酸堆积而痉挛时，请记住：你的肝脏很快会伸出援手，为你送来新的葡萄糖。

科学揭秘

人体善于循环利用能量。我们的肌肉主要依靠一种被称为"葡萄糖"的糖来提供需要的能量。在剧烈运动时，肌肉会缺氧，从而转向一种不同的能量形成路径。这会导致一种叫作"乳酸"的物质开始堆积。

乳酸通过血管被送往肝脏，在那里经历一种叫作"糖异生"的过程，重新变回葡萄糖。然后这些葡萄糖会回到肌肉中，或是作为化学能量被储藏起来。在本实验中，我们利用颜色变化来说明科里循环是如何发生的。

紫甘蓝汁会根据pH值发生颜色变化（参见实验12）。在"锻炼中的肌肉"杯子中加入酸性的白醋，会让溶液变成粉红色，代表乳酸开始堆积。纸巾带着液体来到"肝脏"杯子中，其中含有的小苏打会让溶液变成蓝色或紫色，说明第二个化学反应发生了。最终，纸巾带着液体来到第三个杯子，代表葡萄糖重新回到了肌肉中。

化学家 | 玛丽亚·格佩特-梅耶

Maria Goeppert-Mayer

——生于1906年

教育经历

原子是物质的组成单元。玛丽亚·格佩特-梅耶最负盛名的研究是发现质子与中子在原子内部的旋转如何影响原子核的结构以及不同元素的稳定性。玛丽亚出生于1906年，在德国长大，最崇拜她的父亲——家族中第六代的儿科学教授，他深知女性教育的重要性。尽管玛丽亚就读的女子预科学校被关闭了，但她和其他四名女生还是继续学习，并通过了大学入学考试。

跳跃的电子

德国的女子学校需要教师，于是玛丽亚计划在大学里学习数学，但她发现自己不可抗拒地被物理学所吸引，于是她攻读了这个学科的博士学位。玛丽亚喜欢她就读的研究院，她的论文答辩会中就有三名获得诺贝尔奖的物理学家。在她的博士论文中，她描述了一种被称为"双光子吸收"的理论，准确地预测了一束被称为光子的能量束可以使电子跃迁到更高的能级中。

前往美国

1930年，玛丽亚和另外一位科学家约瑟夫·梅耶（Joseph Mayer）结婚，并将自己的名字改为玛丽亚·格佩特-梅耶。他们搬到了美国马里兰州的巴尔的摩，约瑟夫在那里的约翰霍普金斯大学获得了一份工作。由于当时还有一项反对聘用配偶的过时规定，这成了不聘请女性教授的借口，玛丽亚·格佩特-梅耶也就无法得到那份工作。他们给玛丽亚提供了一份用德语写信的工作，虽然只能获得非常微薄的薪水，但她被获准进入实验室继续研究。她也教授一些课程，然而并没有报酬。

物理学的乐趣

1937年，与约翰霍普金斯大学解除聘用关系后，约瑟夫前往哥伦比亚大学工作，而玛丽亚也在那里获得了一间办公室，但还是没有薪水。虽然没有收入，玛丽亚却决定继续从事研究工作，只为享受物理学带来的乐趣。在哥伦比亚大学，她与著名物理学家恩里科·费米（Enrico Fermi）成为朋友，研究放射性超铀元素的电子壳层，所谓超铀元素是指原子序数超过92的那些元素。

从曼哈顿到芝加哥

在萨拉劳伦斯学院开始自己的第一份带薪教学工作后不久，玛丽亚博士被征召到"曼哈顿计划"的研究项目中，该项目最终制造出了世界上第一颗原子弹，也就此结束了第二次世界大战。她和约瑟夫搬到芝加哥，约瑟夫被芝加哥大学聘为教授，而她也获得了一个"志愿"助理教授的职位。不久后，她又获得了一份兼职工作，成为附近的阿贡国家实验室里一名高级物理学家。

华尔兹

在芝加哥，玛丽亚因其在原子核方面的研究获得了诺贝尔奖。她喜欢将原子核描述成华尔兹舞者跳出的同心圆，在舞者"一圈圈"转动时，有些在顺时针旋转，有些却在逆时针旋转。1960年，玛丽亚·格佩特-梅耶最终成为一名全职教授。1963年，她又因为自己在原子核壳结构方面的发现，与汉斯·詹森（J. Hans D. Jensen）和尤金·保罗·维格纳（Eugene Paul Wigner）共同获得诺贝尔奖，成为历史上第二位获得诺贝尔物理学奖的女性。

实验 | 模拟原子内部

玛丽亚·格佩特-梅耶研究的是原子核内的质子和中子，你可以尝试通过构建玻尔模型来"看到"原子核外的电子。

图6：对比不同元素的电子壳层。

▶ 实验材料

→ 元素周期表
→ 牙签
→ 烤肉扦子
→ 金属线（可选）
→ 聚苯乙烯泡沫球
→ 珠子、小绒球或其他球形小物件
→ 热熔胶枪、热熔胶棒（或胶水）

▶ 安全提示和注意事项

→ 年幼孩子在使用牙签、烤肉扦子和热胶枪的时候，需要有成年人在旁监护。

▶ 实验步骤

1 在网上搜索或从元素周期表上（参见第120～121页）选择一个元素。查看该元素的原子序数，即元素中所含的质子和电子数量。（图1）

2 用元素的原子量减去质子的数量即可得到中子的数量。

3 查找你所选择的元素的电子排布情况。（图2）

4 写下该元素包含多少质子、中子和电子。

5 用烤肉扦子、牙签或金属线（如果使用的话）来制作支架，以便在聚苯乙烯泡沫球制成的原子核上固定电子。（图3）

6 将珠子或小绒球当成电子，加到模型上。电子的位置要处在原子核外的轨道壳层上，或制造出随机的电子云[1]。（图4）

7 将原子放到烤肉扦子上，看起来就像在编排一场化学木偶表演或是制作一把原子花束。（图5）

8 对比不同原子的电子壳层。（图6）

☀ 奇思妙想

试着用其他一些新的方法来模拟原子，比如气球、呼啦圈、水果或糖果。

---

[1] 按照目前的电子结构模型，电子作为一种微观粒子，没有确定的方向和轨迹，只能用电子云描述它在原子核外空间某处出现概率的大小。（编者注）

图1：在网上或元素周期表中找到一种元素的原子结构。

图2：找到该元素的电子排布情况。

图3：为电子制作支架。

图4：在原子核外布置电子。

图5：这看起来像在编排元素的木偶戏或制作一把原子花束。

 ## 科学揭秘

玛丽亚·格佩特-梅耶博士因原子核结构的研究获得了诺贝尔奖，为有关于原子结构及其电子壳层的早期科学发现增加了一层易于理解的必要结构。在欧内斯特·卢瑟福（Ernest Rutherford）于1911年提出他的原子模型前，科学家们就已经开始寻找工具用于剖析原子内部不可见的世界。他们并不知道原子包含了一个集中的电荷中心，即如今我们所说的原子核。

实际上，早期的科学家认为原子有点像是"葡萄干蛋糕"，包含着被称为"电子"的负电荷粒子，飘浮在正电荷形成的云层中。1909年，卢瑟福做了个著名的实验，用放射性的阿尔法粒子（α-粒子，即氦核，带有正电荷）射向一张金箔，于是上述理论也发生了改变。粒子并没有像预测的那样轻松通过理论上的缥缈云层并让子和电子发生散射，在卢瑟福的实验中，有一些粒子像是撞到了什么厚重的东西一样被弹了回去。于是，他发现了原子核。

不久之后的1913年，卢瑟福和尼尔斯·玻尔（Niels Bohr）提出了一种原子的"壳"模型，被称为"玻尔模型"，位于中间的原子核被在一圈圈轨道上运转的电子包围着。在过去的一个世纪里，科学家们逐步理解原子里面大部分都是空的。在原子内部，电子以电子云的形式存在于原子核周围，它们的运动无法预测，我们无法随时确定它们的位置。

在本实验中，你可以选择制作具有电子云的原子模型或是玻尔模型。通过玻尔模型可以更直观地看到电子处于不同的能量状态，有些离原子核较近，有些则较远。

═ 实验 17 ═

化学家 ┃ 蕾切尔·卡逊

Rachel Carson

——生于1907年

环保卫士

蕾切尔·卡逊[1]生于1907年，毕生热爱自然、钻研科学。经过海洋生物学的学习，她最终成为美国鱼类与野生动物管理局的一名撰稿人。她撰写的有关海洋地质学和生态系统的抒情作品，使得美国公众爱上了科学，也让她成为当时最受欢迎的科普作家之一。

新型杀虫剂

在鱼类和野生动物管理局的工作，让卡逊有机会第一时间看到一些报道，涉及新型"奇迹"杀虫剂DDT对鱼类和野生动物群体造成的灾难性后果。经过数据研究，她清楚地认识到，这种化学物质杀死的远不止蚊子和其他昆虫。她的化学与生物学知识背景，让她了解到DDT会随着土壤和水体，从它们被喷洒的田地与湿地进入附近的湖泊、溪流与河道，随后会顺着食物链向上爬，从无脊椎动物进入鱼类、鸟类以及哺乳动物的体内。

寂静的春天

卡逊并不是注意到野生动物群体减少的唯一一个人。在政府开始定期在美国喷洒化学杀虫剂以后，很多人注意到鸟类逐渐消失，春天里不再听到它们的歌声。

大卫与歌利亚[2]

1962年，蕾切尔·卡逊点燃了环保运动的星星之火。在意识到她所目睹的那些化学威胁的重要性后，卡逊写下了她那本著名的书《寂静的春天》（*Silent Spring*），用科学证据来支持她关于DDT正在破坏生态系统的观点。她勇敢地抨击那些化学公司巨头生产有害化学品却欺骗公众说这是安全的。她认为我们正在对环境使用的这些化学品最终将会重新出现在我们自己体内。她的观点和她的勇气促使美国最终出台了禁止使用杀虫剂DDT的命令。

环保运动

即便是在创作《寂静的春天》以前，蕾切尔·卡逊也一直在提醒读者，我们对环境所做的，也正是对我们自己所做的。因为身形矮小，一生未婚，她经常因为自己的作品而遭受欺凌、嘲笑与批评。她被叫做"老处女""歇斯底里的女人"和"说着自己都不懂的话的无知女人"。尽管如此，她还是不断坚持，而DDT最终也被禁用。蕾切尔·卡逊拒绝沉默，她用她的语言、她的声音和她所受的科学教育拯救了她所热爱的东西。她播下了环境保护运动的火种，这火种一直延续至今。

---

[1] 此名也会被译为"蕾切尔·卡森"。（编者注）
[2] 大卫与歌利亚都是《圣经》中的人物，年轻的大卫与巨人歌利亚之间的交战被认为是一场弱者与强者之间的悬殊较量。（译者注）

实验 | 环境污染物的扩散

1962年，生物学家蕾切尔·卡逊提出警告，化学杀虫剂DDT正在通过它们被喷洒的土壤和森林，进入附近的水体，杀死鱼类与鸟类，而非仅仅杀死昆虫。本实验将让你观察食用色素是如何沿着凝胶区域移动到附近的水中。

▶ 实验材料

- → 4杯（约940毫升）水
- → 4包原味吉列丁（约28克/包，吉列丁即明胶，也被称作果冻粉）
- → 中等大小的玻璃容器
- → 餐刀
- → 一次性吸管或普通吸管
- → 牙签或烤肉扦子（如有必要）
- → 液态的食用色素

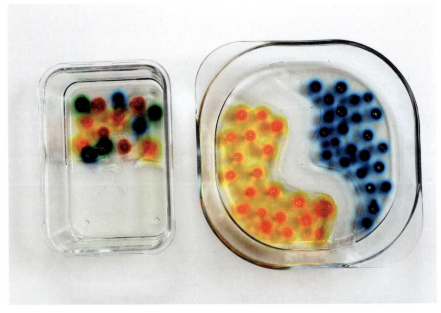

图6：小心地在吉列丁表面挖出的"湖泊"或"河流"中倒入水。

▶ 安全提示和注意事项

- → 在用到热水和吉列丁的时候，需要有成年人在旁监护。

▶ 实验步骤

1 将水用微波炉或电炉煮沸，加入原味吉列丁并搅拌，直到吉列丁完全溶解。如有必要，可再次加热。（图1）

2 冷却吉列丁直到其温度对人是安全的，将其倒入玻璃容器中，直至大约2.5厘米厚。将吉列丁置于室温下或放入冰箱中固化。（图2）

3 用餐刀在固化的吉列丁上切出一片或一条，在容器中留下一大块没有被破坏的吉列丁。移除切下的吉列丁，在容器里留下片状凹坑（代表湖泊）或条状凹槽（代表河流），供稍后用水填充。（图3）

4 在吉列丁上插入一根吸管，但不要完全贯穿，扎一个小孔即可。转动吸管，这样就可以移除吸管内卷入的吉列丁。如果没能清除干净，可以使用牙签或烤肉扦子，将小孔中的残渣清除。（图4）

5 重复上述操作，在吉列丁上扎出一系列小孔。在每一个小孔中加入一滴食用色素。总共使用四种色素，或者如果你已经模拟出河流空间，在河流一边的小孔里滴上蓝色色素，在另一边则滴上黄色色素。（图5）

6 将玻璃容器放到一处不会被干扰的地方，小心地在此前构造出来的"湖泊"或"河流"中倒入水，确保其液面低于吉列丁的表面，这样水就不会漫到滴入其中的食用色素中了。（图6）

7 在随后的几天里，观察食用色素是如何逐渐渗透吉列丁并进入水中的。如果"湖泊"或"河流"中的水蒸发了，可以小心地再加入一点，使其恢复到原有的液面高度。

图1：在水中加入吉列丁。

图2：将融化后的吉列丁倒入玻璃容器中。

图3：在吉列丁上挖出"湖泊"或"河流"。

图4：利用吸管在吉列丁上挖出小孔。

图5：在每一个小孔中滴入食用色素。

☼ 奇思妙想

改变实验的温度，模拟夏季或冬季时化学物质的扩散状态，它们会扩散得更快还是更慢？

在吉列丁的"岸线"嵌入一根生长中的麦草，看看具有长根的植物会如何延缓化学物质进入水路的进程。

用香水测试化学物质是如何在空气中扩散的。

💡 科学揭秘

化学杀虫剂被设计用来杀灭无脊椎的害虫，例如昆虫。理想情况下，它们只会杀死目标，但不会伤害人类或其他动物。DDT，作为世界上最有效的杀虫剂，于1939年被研制出来。

DDT

1945年，DDT在美国上市，喷洒过DDT的地区开始出现死鸟。蕾切尔·卡逊用科学证明了这种化学品会在土壤、水体和食物链中迁移，从而对许多生物的细胞或基因造成破坏。

化学物质扩散

化学物质可以从它们被集中堆放在一起达到高浓度的区域向低浓度的区域移动，这被称为"扩散"，可以发生在空气这样的气体中，或是在水这样的液体中，也可以发生在土壤物质这样的固体中。当有毒的化学物质从它们被应用的地点发生扩散时，这就成了大麻烦。本实验演示了化学物质是如何移动到池塘或溪流中的。

Anna Jane Harrison

化学家｜安娜·简·哈里森

——生于1912年

仅有一间校舍的学校

安娜·简·哈里森在美国密苏里州的一处农场长大。当她向父亲询问毛毛虫问题的时候，父亲教给她的不是蝴蝶的幼虫，而是卡特彼勒牌[①]拖拉机。她将这段记忆当作自己与科学最初的接触。她的父亲在1919年过世，母亲继续经营农场以供养7岁的安娜和她的哥哥。安娜喜欢去一所仅有一间校舍的学校，她在那里得到了一位好老师的启蒙。

教学

安娜在密苏里大学读书并进入研究生院，攻读化学与教育专业。在为硕士学位努力期间，她还到自己曾经就读过的那所仅有一间校舍的学校教书。1940年，她获得了物理化学专业的博士学位。之后，她来到新奥尔良一所女子学校教授化学。

烟雾探测器

在第二次世界大战期间，安娜中断了教学，转而为政府进行研究工作。在密苏里州堪萨斯城的实验室里，她为国防研究委员会研究有毒烟雾，并在纽约的康宁玻璃厂做一些工作。她所做的工作最终促成了烟雾探测器的发明。

对光的研究

安娜进入马萨诸塞州的蒙特霍利约克学院，与紫外光谱领域的一位专家艾玛·卡尔（Emma P. Carr）一起工作。紫外光谱是一种实验室技术，可以利用光波分析化学物质。除了利用光谱研究化学物质，安娜还利用闪光光解的技术将有机化合物裂解。随着裂解反应的发生，她利用光谱观察产生了哪些化学碎片，以及它们是否会和其他碎片发生相互反应。她对有机化合物（含有与其他元素相连的碳元素），如何与紫外光相互作用特别感兴趣。

公众教育

安娜的学生都很喜欢她，她不仅有很强的幽默感，还能用每个人都能理解的语言解释复杂的术语概念。她认为，让公众以及政策制定者具备对科学的基本了解是很有必要的，这样他们才可以做出对所有人都有利的决策。她与许多科学团体合作，致力于向公众传播科学知识，这些团体包括美国国家科学基金会、美国国家科学委员会和美国化学学会。

为科学奔走

1978年，安娜·哈里森成为美国化学学会的首位女性主席。而在1983年，她又成为美国前沿科学协会的名誉主席。作为一位科学家和科学教育家，她有机会在全世界奔走。她访问印度、泰国、日本和西班牙，致力于改善科学家之间的交流以及与公众沟通的方式。1998年，安娜·简·哈里森在马萨诸塞州逝世，享年86岁。

---

① 此处为双关，"Caterpillar"是美国一家生产拖拉机的品牌，其英文名称原意为毛毛虫。（译者注）

实验 | 有机化合物与紫外线

在本实验中，你将会利用日光中的紫外线使纸上的有机染料分子发生裂解并褪色，从而创作出日光印章。

▶ **实验材料**
→ 色彩艳丽的图画纸
→ 剪刀
→ 透明塑料薄膜
→ 漏字板

▶ **安全提示和注意事项**
→ 当太阳光线几乎正好直射的时候（即正午），直接在阳光下操作本实验的效果最好。

▶ **实验步骤**

1 在有颜色的图画纸或硬卡纸上剪出若干图形。（图1）

2 将这些图形叠在另外一张图画纸上。（图2）

3 寻找一处有阳光的位置来制作你的阳光印章。（图3）

4 将透明塑料薄膜覆盖在图画纸上。如果实验当天的风比较大，可以用石头压在上面。（图4）

5 漏字板也很适合用于这个实验。（图5）

6 在几个小时的阳光直射以后，移除图画纸上的透明塑料薄膜和图形（或漏字板），展现你的阳光印章。（图6）

7 阳光中的紫外线会让纸张中的有机染料褪色，那些被图形覆盖的位置则会留下更深的颜色。（图7）

图7：对于纸张上那些没有被覆盖保护的部分，紫外光会让里面的染料褪色。

☀ **奇思妙想**

重复本实验，对比在阴影下以及在晴朗的夏日下阳光直射时，紫外线让纸张褪色的效果有何区别。

做个实验，在图画纸上覆盖一层涂有透明防晒霜的透明塑料薄膜，观察这是否能够保护塑料薄膜下面的图画纸免遭褪色。

图1：在图画纸或硬卡纸上剪出图形。

图2：将这些图形排列在一张有颜色的图画纸上。

图3：找到一处阳光充足的地方，确保你的实验不会被干扰。

图4：在图画纸上覆盖一层透明塑料薄膜，固定住你剪出的图形。

图5：漏字板对这个实验来说也很合适。

图6：在阳光下暴晒几个小时后，查看你制作出的阳光印章。

科学揭秘

太阳释放出惊人的能量，其中一些会以光波的形式传播到地球上。这些光波之间有着不同的间隔（即"波长"），就如同波浪一样在湖面上传递。一些光波之间的间隔比较远，比如红色的光波就比紫色的光波间隔要大得多。紫外（UV）光波的间隔则要更近一些——近到人类的眼睛都无法识别。

紫外光波（俗称紫外线）不只是间隔很近，而且还带有足够的能量，可以持续地破坏一些化学键。在本实验中，紫外线导致图画纸内部的染料发生了化学变化，从而改变了它对光的吸收方式，而这也改变了纸张的颜色。当彩色的纸被部分覆盖并被放在太阳光下后，纸张暴露部分的化学物质就会被紫外线破坏并褪色。那些被覆盖的位置因为被保护了，所以颜色不会变化。皮肤中的一些分子也会被紫外线破坏，这也是在阳光暴晒的日子里需要涂抹防晒霜的原因。

化学家 | 罗莎琳德·富兰克林

Rosalind Franklin

——生于1920年

高分

1920年，罗莎琳德出生于英国伦敦，在家中5个孩子里排行第二。她是个聪明的孩子，喜欢数学，据说成天以解方程为乐，还是一名运动员。她在学校里喜欢打板球和曲棍球，尽管她的音乐导师——作曲家古斯塔夫·霍尔斯特（Gustav Holst）给她的父母写信，说她并不是很擅长这个领域的学习。

满是孔洞的岩石

在大学里，罗莎琳德学习了化学，还有法语和德语。她和著名科学家玛丽·居里的一位学生成了朋友。毕业以后，她研究起煤炭的多孔特性，这对于第二次世界大战期间将木炭过滤装置用于防毒面具的研究非常重要，她也因此项工作获得了剑桥大学授予的博士学位。

X-射线成像

战争结束以后，罗莎琳德前往法国一家实验室工作，利用X-射线衍射研究不同的化学物质，这是一种将高能X-射线从物体上反射回来并成像的技术。她先是将X-射线瞄准煤炭，接着又瞄准石墨。不久后，她就成为X-射线晶体学这项技术的专家。这种技术是将X-射线瞄准晶体，并在底片上形成图像，从而确定分子的结构。

扭曲的梯子

1950年，罗莎琳德作为X-射线衍射领域的专家在英国国王学院的一家实验室里任职，她在这里尝试给DNA分子成像，从而帮助科学家理解它的结构。DNA也被称为生命的蓝图，因为它就好比是生命体用来自我复制的地图。罗莎琳德所具有的化学知识背景让她在准备DNA样品时得心应手，而她也成功捕捉到了现在被称为"51号照片"的图像——人类史上第一张清晰的DNA照片。图像中清晰的"X"形状，配上她标记的尺寸，揭示了DNA具有一种螺旋结构，并示意了原子之间的距离。在罗莎琳德的照片未经她的允许就被展示之后[1]，詹姆斯·沃森（James Watson）和弗朗西斯·克里克（Francis Crick）两位科学家才得以将他们著名的DNA双螺旋模型拼凑完整。

永不遗忘

在罗莎琳德·富兰克林的一生中，几乎没有因为对解决DNA结构问题做出的贡献而获得一点认可。沃森在他的回忆录《双螺旋》（The Double Helix）中对罗莎琳德的描述带有性别歧视和轻蔑。她年纪轻轻就因为癌症而去世，就在她离世后4年，沃森、克里克和威尔金斯（Wilkins）被授予了诺贝尔奖。幸运的是，如今大多数科学家已经知道罗莎琳德在解决DNA结构的过程中扮演了不可或缺的角色。她也为研究另外一种被称为RNA的化学物质做出了贡献，并协助描绘出病毒的结构。

---

[1] "51号照片"由罗莎琳德的同事威尔金斯向沃森与克里克展示，威尔金斯后来与这两位科学家分享了诺贝尔奖。然而他们在最初发表的论文中并没有承认富兰克林的贡献。（译者注）

实验 | DNA结构

罗莎琳德·富兰克林制备了DNA样品并利用X–射线对它们成像。基于她的研究成果，科学家们才能够理解DNA的化学结构与物理结构。在本实验中，你将会制作一个DNA链的模型，请从不同的角度为其拍照。

▶ **实验材料**
→ 2根同色的扭扭棒
→ 4种不同颜色的记号笔
→ 20根棉签（双头）
→ 拍照设备，例如智能手机或照相机

▶ **安全提示和注意事项**
→ 棉签的间距要保持一致，这样当你扭曲DNA链的模型时，可以得到一致性更好的DNA链。

图4：将DNA链扭曲成双螺旋形状。

▶ **实验步骤**

1 取两根颜色相同的扭扭棒，代表你要制作的DNA链中糖–磷酸构成的骨架。

2 分别用一种颜色对应一种核苷酸——G、A、T和C。你总共可以选择4种颜色。（图1）

3 一旦对应好颜色和核苷酸后，就可以开始给棉签上色了，一半是一种颜色，一半则是另一种颜色。每一根棉签都将代表核苷酸的一组碱基对。在DNA中，G和C始终成对，而A和T也始终成对。将一半棉签涂上你选择用来代表G和C的颜色，还有一半涂上代表A和T的颜色。（图2）

4 将棉签平行地排列放置，创建碱基对序列，注意要变换颜色使之呈不规则排列。

5 紧紧地将扭扭棒缠绕在棉签上，作为碱基对的"梯子"。棉签的间距可以控制在大约2.5厘米。（图3）

6 当你在扭扭棒链条上加入足够多的碱基对后，扭曲DNA链以制造出螺旋的形状。为你制造的DNA链拍照。（图4）

7 从一端观察这条双螺旋，就像是从桶口向下看那样。如果你乐意，可以将它放在一支由硬纸板卷成的管子里。为其拍照，重现罗莎琳德·富兰克林那张著名的照片。（图5）

图1：选择4种颜色代表不同的核苷酸。

图2：给棉签涂上颜色代表碱基对。

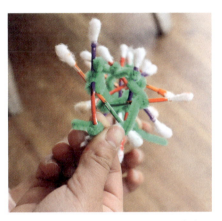

☀ 奇思妙想

将你制作的DNA链放在一张有颜色的图画纸或感光纸上，放在阳光下照射，利用紫外线制作出日光印章（参见实验18）。

图3：用扭扭棒缠绕棉签。

图5：从罗莎琳德·富兰克林拍照的角度观察你自制的双螺旋结构。

💡 科学揭秘

DNA，就是脱氧核糖核酸，是我们已知生命的化学蓝图。通过碱基编码这种令人惊叹的分子，从简单细菌到包括极其复杂的人类在内的生命体都可以生长、发育并将某些特征传递给其后代。这种密码由G、A、T、C这四个字母组成，它们经过排列组织形成长长的化学信息，能够被翻译成蛋白质这种结构单元。

扭曲的梯子

这些构成DNA的化学碱基被称为核苷酸，有四种。每一种碱基对都包含了一种含有氮原子的碱、一个磷酸基团和一个糖分子。含氮碱分别是鸟嘌呤（G）、腺嘌呤（A）、胸腺嘧啶（T）和胞嘧啶（C）。描绘DNA的双螺旋形态很容易，就像一根扭曲的梯子，梯子的横档由碱基对构成，它们附着在梯子两边被科学家们称作"磷酸骨架"的竖杠上。G总是和C配对，而A总是和T配对。

编码破解器

DNA双螺旋结构的指令集可以像拉链那样打开，这样某些被称为基因的编码序列就可以被复制成单条链的RNA（核糖核酸）。信使RNA沿着一种叫作"核糖体"（参见实验22）的翻译器移动，从而组装出蛋白质分子。每一种蛋白质都是由特定的信使RNA序列构建而成。除了给蛋白质编码，DNA和RNA还参与了合成何种蛋白质、何时合成以及每一种蛋白质需要合成多少的调节过程。

实验 20

化学家 | 伊迪丝·弗拉尼根

Edith Flanigen

——生于1929年

了不起的导师

伊迪丝·弗拉尼根于1929年出生于美国纽约州布法罗，她将自己对化学的热爱归功于一位高中老师。伊迪丝回忆："她真的让科学变得激动人心。我们在实验室里亲手操作，而我就在那时感觉自己深深地爱上了化学。"在老师的鼓励下，伊迪丝和她的两位姐妹高中毕业后继续在附近一所大学学习化学。大学毕业以后，伊迪丝又和她的妹妹琼前往雪城大学攻读化学硕士学位。

化学海绵和绿宝石

20世纪50年代早期，伊迪丝和她的姐妹在联合碳化物公司（Union Carbide Corporation）工作，尽管当时很少有女性在化学领域工作。伊迪丝的研究集中在识别并提纯硅胶聚合物上，这是一种由相似的化学单元重复排列形成的一类化合物。最终，她进入一家研究分子筛的实验室。分子筛就像化学海绵，可以清除细小的颗粒，将那些较大的颗粒拒之门外。除了研究分子筛，伊迪丝还与合作伙伴共同发明了人工绿宝石。这种人工绿宝石由联合碳化物公司生产，被应用于激光前置技术和珠宝行业。她热爱工业界中创意无限而又精诚合作的环境，并在自己工作的实验室里协助孵化各种设想。

沸石

1973年，伊迪丝成为联合碳化物公司的首位女性研究员，并最终获得她在公司里可能获得的最高技术岗位。在她的职业生涯中，发明或共同发明了超过200种合成材料，她的名字也出现在超过100个专利上，这些专利保护新的发明不被发明者以外的其他人抄袭和销售。伊迪丝在分子筛方面的研究非常重要，对分子（原子构成的集合）按照尺寸进行筛分，可以让科学家和工业界分离不同的化学物质。伊迪丝对一种叫沸石的分子筛材料进行研究，使之有可能更安全而有效地将石油中有用的部分提炼出来。

总统的赞誉

1983年，伊迪丝获得了德尤维尔学院的博士学位。2004年，伊迪丝·弗拉尼根博士进入美国发明家名人堂，她还因其工作获得了无数奖项。1992年，她成为第一位获得"帕金奖章"①的女性获奖人。2014年，贝拉克·奥巴马总统又授予她"技术与创新国家奖章"。她在沸石化学领域是最权威的专家，她的研究工作正是分子筛工业的基础，此工业生产出我们每天都在使用的各种化学物质，包括洗衣粉和猫砂。

金玉良言

"你必须热爱（你所从事的工作），因为没有任何其他的理由能让你继续。其次，你一定要做你自己。你必须认识到自己独一无二的特点，认识到你都有哪些才能。"

——伊迪丝·弗拉尼根

---

① 帕金奖章（Perkin Medal）是在苯胺紫发明50年后，即1906年由美国化学工业学会设立的一个奖项，代表了美国化工工业的最高荣誉。该奖项的命名取自于本书"实验7"中苯胺紫发明人威廉·亨利·帕金的姓。（译者注）

实验 | 分子筛

试着用便宜的天然沸石进行实验，观察它们的差异——有些可以捕获食用色素分子，有些却不能。

▶ 实验材料

→ 小容器和盘子
→ 放大镜
→ 水族箱中用来除氨的廉价天然斜发沸石小颗粒
→ 液态的食用色素
→ 烤盘
→ 水
→ 纸巾
→ 温度计（可选）

▶ 安全提示和注意事项

→ 斜发沸石会扬起尘土，因此在室外操作本实验更合适，这样也可以更方便地倒掉漂洗的水。

图5：在盘子上铺开沸石，仔细观察。

▶ 实验步骤

1 将沸石放入4个小容器中。用放大镜观察它们。

2 滴几滴食用色素在沸石上，每个容器里只滴一种颜色。（图1）

3 将食用色素和沸石混在一起。（图2）

4 用水冲洗沸石数次，每一次冲洗后，将其静置在水中，让食用色素有足够时间从沸石上脱离。（图3）

5 在大多数石头变回它们原本的颜色以后，寻找那些吸附了食用色素的沸石颗粒。（图4）

6 在盘子上铺开沸石，用放大镜观察它们。待其干燥后再次观察。（图5）

7 取一杯室温的水，用沸石填满类似于瓶子的独立小容器。确保沸石和水的温度是相同的。

8 将温度计插入沸石之中并记录读数。向沸石中加入室温的水直到沸石刚好被没过，观察温度有什么变化。（图6）

✦ 奇思妙想

利用沸石做一些研究，设计出其他实验。你还可以用它捕获其他什么分子？

图1：将食用色素滴在沸石上。

图2：混合食用色素。

图3：冲洗并浸泡沸石，去除食用色素。

图4：寻找那些捕获了食用色素分子的沸石。

图6：将室温条件的水加入沸石中，测量温度变化。

科学揭秘

沸石是一种由铝（Ai）、硅（Si）和氧（O）等元素构成的三维笼状晶体。诸如斜发沸石之类的天然沸石，会将水和其他碱土金属元素（元素周期表上第二列的元素）包裹在其晶体之中。这种令人惊叹的重复结构中含有周期性的孔洞结构，被称为"孔道"，它大到足够让非常细小的分子从中通过，但又小到足以捕获较大的分子。这种筛分的特性赋予沸石"分子筛"的绰号。

你可以把沸石想象成是一大堆环环相扣的栅栏被随意地堆放在一起。如果你将乒乓球、网球和足球从四面八方丢向这堆栅栏：一些乒乓球会毫无障碍地从中通过，也有一些会被抖出来；而网球在进入栅栏的网格以后会被卡在里面；至于足球，压根就不会进入其中。这些链节中的孔洞就很像是沸石内的孔道，而像伊迪丝·弗拉尼根这样的科学家合成出了新型的沸石，可以捕获特定的分子，同时不让其他分子进入。

像斜发沸石这样的天然沸石，包含很多不同尺寸的孔道。斜发沸石非常适合用来捕获氨分子，常在水族馆中被用来脱除氨。本实验直观地展示了包含特定大小孔道的沸石是如何捕获食用色素分子的。

沸石这个词的字面意义是"沸腾的石头"。[1]沸石具有捕获水分子的特殊能力并能够将其控制在内部。随着沸石不断地吸收水分，能量也会以热的形式释放，你可以在本实验的第二部分测试出这一点。当吸饱水分的沸石被加热（煮沸）时，它们就会释放出水蒸气。

———————

[1] 沸石（zeolite）的原名在希腊文中意为"沸腾的石头"，来自瑞典的矿物学家克朗斯提（Cronstedt）发现一类天然铝硅酸盐矿石在灼烧时会产生沸腾现象。（编者注）

实验 21

化学家 | 屠呦呦

—— 生于1930年

教育经历

屠呦呦出生于中国东部沿海一个书香门第的家庭。作为家中唯一的女孩，她进入了当地最好的学校。16岁那年，她患上了肺结核，不得不休学。两年后，她身体痊愈并回到学校，便决定研究医学，这样不仅能让自己远离病痛，还能帮助他人。高中毕业以后，她考入北京大学医学院的药学专业。

植物入药

在药学课程中，屠呦呦学习采用西方医学的视角研究中国传统疗法。她的教授教会她基于植物学特征识别植物并分类，以及从植物中提取化学物质的方法。屠呦呦也学了如何鉴定她分离出的化学物质的结构。这段教育经历帮助她认识到，一些传统的植物可以治疗疾病。她的第一个科研项目，就是研究将一种叫半边莲的药草用于治疗由寄生性扁形虫引起的疾病。

疟疾和疟原虫

屠呦呦将年幼的两个女儿送到托儿所和亲戚家照顾，自己则远赴一家研究疟疾治疗方法的实验室。[1]疟疾是一种致命的疾病，由蚊子传播的一种寄生虫（疟原虫）引起，这种寄生虫已经对一些可用的药物产生了抗药性。屠呦呦查遍中国古代文献和民间药方，搜寻新的物质来测试疟原虫。她收集了超过2,000种处方进行测试，并依靠它们进行实验。

一种疗法

在经历了多次失败后，一种蒿属的香草植物显示出了令人振奋的结果，但她无法持续重复这些结果。在翻阅旧书的过程中，她找到了一个治疗疟疾的药方，其中写道："将一把青蒿浸渍在二升水中，拧出汁水后全部服下。"[2]屠呦呦注意到，大多数药方都要求将植物煮沸，这有可能破坏了那些能够杀灭疟原虫的化学物质。她沿袭了这种不用加热的药方，发现它杀灭了疟原虫，随后她分离出了含有有效物质的部分。因为资源有限，她和她的两位同事只能采用自己服用的方式来测试这种物质的毒性，并发现它对临床治疗而言是足够安全的。

奖项

2015年，屠呦呦因发现青蒿素并将其用作治疗疟疾的新疗法而获得诺贝尔生理学或医学奖。她的发现挽救了数百万人的生命，直到今天还在世界各地使用。

———————————

[1] 1969年，在中医研究院中药研究所任研究员的屠呦呦接受国家疟疾防治药物研究项目——"523"项目的抗疟中药研究任务，并担任组长。（编者注）
[2] 原文为"青蒿一握，以水二升渍，绞取之，尽服之"，由东晋炼丹家葛洪记载于《肘后备急方》中。（译者注）

实验 | 药用植物化合物

1972年，屠呦呦报告说她从俗称"苦艾"的植物叶子中提取了一种化合物，从而研制出了治疗疟疾的有效疗法，而苦艾正是中国传统的治疗疟疾的药物。在本实验中，你可以从芦荟植物的叶子中提取出凝胶，从而收集一种用于治疗晒伤的传统家庭药物。

▶ **实验材料**

→ 芦荟
→ 剪刀
→ 土豆削皮刀
→ 餐刀
→ 勺子
→ 带盖的瓶子

▶ **安全提示和注意事项**

→ 在使用锋利的刀刃时，建议成年人在旁监护。土豆削皮刀非常适用于本实验。

图4：观察每一片叶子内层和外层的差别。

▶ **实验步骤**

1 从芦荟上靠近叶子根部的位置切下几片叶子，挤出切口附近的少量黄色黏稠物并丢弃。（图1）

2 使用削皮刀或餐刀将芦荟叶子朝下的叶面表面刮除，露出内部的凝胶。（图2）

3 用勺子将凝胶挖出来。（图3）

4 观察每一片叶子的内层与外层之间显著的差别。（图4）

5 将芦荟凝胶放入瓶子或其他有盖的容器中。（图5）

6 冷藏凝胶。需要时可以用它治疗晒伤。（图6）

7 将你收集的新鲜芦荟凝胶分享给家人和朋友。（图7）

☀ **奇思妙想**

从包括薰衣草和柑橘在内的其他植物中提取能够用作芳香治疗剂的精油。（参见实验1）

图1：从芦荟上剪下几片叶子，挤出切口附
近的黄色黏液。

图2：将芦荟叶子底部的叶面表面刮除，露
出内部的凝胶。

图3：用勺子刮下凝胶。

图5：将芦荟凝胶放到带有盖子的容器中。

图6：在冰箱中保存芦荟凝胶，可以用它舒
缓皮肤过敏、晒伤或其他轻微的皮肤
烫伤。

图7：和你的朋友、家人分享这些新鲜的芦
荟凝胶。

科学揭秘

我们如今仍然在使用的许多药物，最初都是从植物中提取并用作治疗药剂的，在制药工业规模化生产以前，它们已经被使用了数百或数千年。从柳树及其近亲植物中提取的水杨酸，数千年来都被用作止痛药，直到拜耳公司在1899年开始制造它的商用版本。奎宁则是一种用于治疗疟疾的古老药物，来自秘鲁、玻利维亚和厄瓜多尔土生土长的金鸡纳树的树皮。

然而，由于药物滥用，疟原虫发展出对奎宁中有效物质的耐受性。世界上将近一半的人生活在罹患疟疾的风险地区。非常幸运的是，屠呦呦开发出了青蒿素疗法，这种疗法甚至可以杀死那些对奎宁有抗药性的疟原虫。

在本实验中，你可以从芦荟的叶子中提取凝胶。早在古埃及时期，芦荟就已被用作护肤品。从这种多肉植物的叶子上能很容易刮下凝胶，将其涂抹在被晒伤的地方，具有舒缓的作用。尽管还没有什么科学证据能证明芦荟凝胶具有治疗的功效，但是将其提取出来是探索植物医药世界的一种有趣的方式。

实验 22

化学家 | 阿达·约纳特

Ada Yonath

——生于1939年

爱上科学

阿达·约纳特的科学生涯开端可以追溯到她小时候。童年时期,在一次考虑不周的实验中,她站在一堆家具上测量阳台的高度,不慎跌落摔断了胳膊。阿达还回忆起,她在很小的时候就看过玛丽·居里(参见实验11)的传记并受到启发。

艰难求生

阿达·约纳特的父母来自波兰,他们离开了自己的家乡搬到了耶路撒冷[①],在那里与贫困做斗争。她的父亲有危及生命的健康问题,但他和阿达的母亲对阿达怀有远大期望,尽其所能确保阿达受到良好的教育。在阿达年仅11岁时,她的父亲去世了,她和母亲为了维持生计工作了一年,然后在1951年前后搬到了特拉维夫[②],和接济她们的亲戚们住得更近一些。

晶体成像学

阿达在大学里学习了化学、生物化学和生物物理,之后在维斯曼科学研究所攻读博士学位。为了完成博士期间的科研,她利用X-射线晶体成像技术研究了一种名为胶原蛋白的蛋白质的结构。这种技术是通过将X-射线轰击到晶体上以确定其结构。在获得博士学位后,她又在美国完成了博士后阶段的研究。之后她回到家乡,在以色列成立了第一个生物晶体成像学实验室。

喜马拉雅山

20世纪70年代后期,阿达·约纳特决定着手一项重大工程——她想要发现核糖体的三维结构。核糖体是一种细胞器,能够将RNA这种基因物质翻译成蛋白质。核糖体具有复杂的结构,由两个被称为"亚基"的部分构成。尽管很多科学家认为她提出的想法不可能实现,但阿达还是决定去做。后来,她将自己的研究历程比作攀登珠穆朗玛峰,"当你登上一个高峰,会发现一座更高的山峰矗立在你面前"。

北极熊与核糖体

为了研究核糖体的结构,阿达·约纳特最初必须探索如何使之结晶。在阅读了文献中有关北极熊体内的核糖体会在其冬眠期间整齐地堆叠起来之后,阿达想到了一个主意,那就是在极度寒冷、炎热或放射性的环境下分离出细菌内被重组的核糖体。她弄明白了如何去快速冷冻出这些结晶的核糖体结构,并用X-射线进行轰击。阿达的这些工作结果让她得以开始拼凑核糖体结构的拼图。2001年,她的实验室首次发表了细菌核糖体两个亚基的完整三维结构图。2009年,阿达·约纳特因为发现核糖体的结构与功能而获得诺贝尔奖,而她的工作也证明了生产新型抗生素的必要性。

---

① 耶路撒冷位于地中海和死海之间,以色列和巴勒斯坦都声称耶路撒冷是它们的首都。(编者注)
② 以色列建国时将首都设在特拉维夫,1950年迁往耶路撒冷。(编者注)

实验 | 核糖体结构

用一根棍子代表信使RNA，用甜椒代表核糖体，用糖果代表氨基酸，尝试制作出核糖体的模型。

▶ **实验材料**

→ 长棍子、定位棒或米尺（长1米）
→ 1～4根棉线、丝线或细麻绳（比棍子长一点）
→ 中间有孔洞的糖果（如曼妥思糖）
→ 1～4个甜椒，在每个上面穿一根绳子
→ 胶带
→ 记号笔

▶ **安全提示和注意事项**

→ 在开始加入糖果之前，将所有甜椒串到棍子和绳子上。

▶ **实验步骤**

1 在长长的如定位棒（或米尺）这样的棍子上，随机写下一连串 G、A、U和C四个字母，用以代表 RNA（核糖核酸）链。（图1）

2 在棍子的一端绑上一根棉线（或绳子），穿过你准备使用的甜椒。将绳结粘在棍子上。（图2）

3 每个甜椒都代表一个核糖体。在甜椒的两端（茎部和底部）各切出一个小孔，在侧面切出第三个孔。将甜椒径直地穿过定位棒(或米尺)，并从第三个孔拽出绳头。（图3）

4 将棉线(或绳子)的绳头用胶带缠住，可以让它更容易穿过糖果。

图6：在RNA链上让几个核糖体同时移动。

5 将甜椒和绳子自由的一端拉到定位棒(或米尺)上与绳结远离的那一端。慢慢地沿着棍子移动甜椒，代表核糖体顺着RNA链移动。

6 当甜椒移动的时候，在其外侧的绳子上穿上糖果，代表增长中的氨基酸长链。（图4）

7 随着你不断拉着用甜椒代表的核糖体向着代表RNA链的棍子的另一侧移动，氨基酸链也会越接越长。（图5）

8 让几个核糖体同时移动。在你完成以后，将"蛋白质"链摘除，做成一段糖果项链。（图6）

✦ **奇思妙想**

制作DNA，也就是脱氧核糖核酸的模型，它是合成RNA的模板。（参见实验19）

图1：在长长的定位棒（或米尺）上随机写下一系列G、A、U和C四个字母。

图2：将棉线或绳子绑到定位棒（或米尺）的一端。

图3：在甜椒的两端各切出一个孔，在侧面切出第三个孔，将甜椒穿过定位棒（或米尺），并将棉线从侧边孔穿出。

图4：将甜椒拉到棍子底部，随着绳子越来越长，把糖果串在上面。

图5：代表氨基酸的糖果在代表核糖体的甜椒上沿着代表RNA链条的棍子延伸。

科学揭秘

生命是由四种类型的化学结构组件构成的——核酸、蛋白质、碳水化合物和脂质（脂肪）。诸如DNA（脱氧核糖核酸）和RNA（核糖核酸）这些核酸，包含了合成蛋白质所需的信息。在一段被称为转录的过程中，DNA上的信息会被RNA链复制。这些信使RNA随后会来到核糖体处，并将信息翻译成蛋白质。

构成DNA的核酸碱基有G（鸟嘌呤）、A（腺嘌呤）、T（胸腺嘧啶）和C（胞嘧啶）。RNA同样也由G、A、C构成，不同的是，它还含有U（尿嘧啶），取代了T（胸腺嘧啶）的位置。信使RNA链是一条由密码子形成的长链，每个密码子由三个字母（碱基）构成。根据这些密码，每个RNA密码子可以对应一种被称为"氨基酸"的特殊化学物质。人体中有二十种不同的氨基酸，有规律地和RNA密码子相对应。

核糖体是在生命体的细胞内由蛋白质构成的站点。随着信使RNA在核糖体内穿过，一种被称为"转运RNA"（tRNA）的特殊RNA会将氨基酸带到与它们匹配的密码子上，从而构建出由氨基酸组成的长链，它们以化学的方式连接在一起，然后进一步折叠，形成具有活性的蛋白质分子。

Margaret Cairns Etter
化学家丨玛格丽特·凯恩斯·埃特

——生于1943年

带着微笑做科学

玛格丽特·凯恩斯·埃特生于1943年，绰号"佩吉"。她对人类和科学都很感兴趣，尤其喜欢从事科学工作的人。她的学生、朋友和同事总会记得她回荡在走廊里爽朗的笑声，而当他们在实验中取得不错的结果时，她也会风趣地送上笑脸贴纸。埃特坚持去做她认为正确的事，即使自己的事业会因此遭遇危机。她在比较短的时间里，为科学做出了巨大的贡献。

10,000个湖泊

埃特出生于美国特拉华州，她的父亲是杜邦实验基地的一位化学家。她从小就在一群与她父亲一起工作的科学家的陪伴下长大，后来进入宾夕法尼亚大学学习化学。在特拉华大学攻读硕士学位期间，埃特搬到明尼苏达这个万湖之州，在那里获得了博士学位，并因为在奥古斯塔纳学院的教学工作而在此地居住了一年，直到前往3M①公司工作。

重大发现

最终，埃特博士回到明尼苏达大学并成为该校的全职教授，投身到更多的科研工作中。她通过研究化学结构中的氢键成键模式，而不是专注于单一化学键，取得了重大发现。埃特也对晶体生长非常着迷，是最早发现并研究"跳跃晶体"这种奇怪现象的科学家之一，这一现象如今在机械力化学领域仍一直被研究。

一项倡议

在实验室的长凳上思索未知的奥秘时，埃特同时向工业界和学术界的保守传统发起了抗争。据她的同事回忆，埃特相信行动胜于雄辩，也不惧怕推倒任何边界。她在学校里大声疾呼，鼓励女孩们投身科学，帮助创立了"3M女性科学家"项目，并担任STEM项目的负责人兼导师，激励少数族裔的学生成为科学家。

永恒的形象

虽然埃特博士去世时年仅49岁，她却让化学界这片土壤变得更好。她的学生、同事与密友为她写下很多悼词，回忆她"智慧、优雅的举止、热情和活力四射的个性"，以及"她展示了对每个人的尊重和同情，无论其地位或行为如何"。除了发表超过80篇重要的论文，埃特对很多科学家而言还是榜样、导师与良师益友。每一年，明尼苏达大学都会举办纪念埃特的讲座活动，美国晶体学会也向埃特博士颁发了两枚奖章。

---

① 起源于美国的跨国综合制造公司，成立于1902年。（编者注）

实验 | 培育晶体

试着培育三种类型的晶体，对比它们的生长速度和形状。

▶ 实验材料

→ 3枚生鸡蛋
→ 盘子
→ 液态的食用色素
→ 胶水
→ $\frac{3}{4}$杯（约160克）明矾（硫酸铝钾）
→ 3杯（约672克）泻盐
→ 10~12汤勺（约78克）硼砂
→ 水
→ 放大镜
→ 耐热容器
→ 扭扭棒（可选）

▶ 安全提示和注意事项

→ 在煮沸液体以及用带锯齿的刀切开鸡蛋壳的时候，需要成年人在旁监护。拿过生鸡蛋以后要洗手。

图6：从溶液中取出被晶体包裹的蛋壳。

▶ 实验步骤

1 轻轻地将每只鸡蛋沿着长轴敲开，用锯齿刀将蛋壳纵向切成两半。

2 将食用色素涂在蛋壳内侧并静置晾干。（图1）

3 在3个盘子上分别贴上明矾、泻盐和硼砂的标签。在每个盘子里放上两只蛋壳，在蛋壳内侧刷上胶水，按照盘子上的标签分别在胶水上撒一点对应晶体。静置晾干。（图2）

4 在耐热容器中操作，分别制成3种饱和溶液：用2杯（约475毫升）水溶解明矾；用3杯（约705毫升）水溶解硼砂；用2杯（约475毫升）水溶解泻盐。先将容器中的水煮沸，然后加入晶体，再搅拌。如果晶体不能完全溶解，将其置于微波炉中加热30秒后再搅拌，重复操作，直到肉眼不再看到多余晶体。（图3）

5 将溶液放置冷却至室温。

6 将蛋壳放入含有和蛋壳上所撒晶体类型相同的溶液中。如果有扭扭棒，可以将其挂到容器的边缘，悬挂在溶液之中。（图4）

7 将蛋壳静置在溶液中，直到有大块的晶体形成。有些晶体会很快地形成，其他一些晶体也许需要一到两天才能形成。从液体表面撇除多余的晶体。（图5）

8 从溶液中取出被晶体包裹的蛋壳。（图6）

9 在放大镜下观察晶体，对比不同的晶体形状。（图7）

图1：给蛋壳涂上食用色素。

图2：在蛋壳上刷一些胶水，在胶水上撒一些晶体。

图3：在水中溶解泻盐、硼砂和明矾，制成饱和溶液。

图4：将粘有晶种的蛋壳放入对应的溶液中。

图5：将蛋壳静置在溶液中，直至长出更大的晶体。

图7：对比不同晶体的形状。

奇思妙想

大块的糖晶体可以在木质的扦子或木棒上生长从而形成冰糖。将木扦子锐利的尖头切除，在水中蘸一下，然后在糖粉上滚一滚。待扦子表面干燥以后，再将其浸没在糖浆中。糖浆的做法是将5杯（800克）糖倒入2杯（约475毫升）水中，加煮沸直到完全溶解，再冷却至室温。

科学揭秘

晶体是原子或分子像三维拼图一样，以重复、有序的模式拼接在一起而形成的固态材料。虽然它们也许会意外地吸收一些侵入的原子，不过大多数晶体还是由单一类型的分子（或离子）组成的，比如俗称食盐的氯化钠。一些晶体是由单一类型的原子形成，例如钻石，它是由碳原子在高压下形成的。

在本实验中，你可以培育出三种不同类型的透明（可以透过光）晶体。硼砂，也就是四硼酸钠，是一种常被用在洗涤剂中的化学物质，也被用作隐形眼镜液中的防腐剂。泻盐被用在农业和医药中。明矾可以在烘焙发酵粉中找到，也被用于保持泡菜的爽脆，在化学中被叫做硫酸铝钾。观察每一种晶体各自特别的形状或者晶体的个头大小，是一件很有趣的事。泻盐会长成长针形，而明矾则会长成闪闪发光的立方体。

实验 24

化学家 | 琳达·巴克

Linda Buck

——生于1947年

快乐的童年

琳达·巴克于1947年在美国西雅图出生，父母从一开始就鼓励她发挥创造力。她的父亲是一名电气工程师，而母亲则喜欢拼图，于是琳达·巴克的童年就为她富于创意解决问题的一生做好了准备。她拥有足够的自由去追寻各种兴趣，但不确定自己在大学里想学什么，后来她被心理学迷住了。心理学是研究人类心理的一门学问。

一条非传统的路线

在进入华盛顿大学后，琳达·巴克也不确定她是否想成为一位心理治疗师，于是离开学校外出旅行，但还是在她力所能及的时候继续上课。免疫学的课程是有关我们身体如何对抗感染的科学，这引起了她对生物学的兴趣。她在28岁时从大学毕业，并获得了微生物学和心理学的双学位。她搬到德克萨斯，在前往哥伦比亚大学的理查德·阿克塞尔（Richard Axel）实验室前获得了免疫学的博士学位。

在实验室的那些年

在阿克塞尔神经科学实验室里，琳达·巴克着迷于细胞向大脑传递信号的过程，并且痴迷于一个想法，她想在鼻子中找出那些探测气味的细胞。她还想弄清楚和这些细胞相关的基因（DNA编码），以及这些细胞如何识别这么多不同的气味。她为此努力了很多年，力求解开这个谜题。她尝试了能想到的各种办法，却仍然一无所获。

解开谜题

令琳达·巴克难以置信的是，在1991年时，她发现了一组此前从未有人见过的基因。这些基因为一组多达350个气味受体的编码，它们相互配合，能够探测出数以千计的不同气味。2004年，琳达·巴克和她的同事理查德·阿克塞尔因为他们在气味受体以及嗅觉系统组织方面的发现，共享了当年的诺贝尔生理学或医学奖。她说："作为科学界中的女性，我郑重地希望我获得诺贝尔奖这件事，可以很好地给世界各地的年轻女性传递一个信息，那就是科学的大门是向她们敞开的，她们应该追寻自己的梦想。"

实验 | 嗅觉化学

蒙上眼睛，用你的鼻子区分不同的气味，测试下你的嗅觉能力。

▶ **实验材料**

→ 具有强烈气味的食物、花朵以及香草（比如咖啡、巧克力、新鲜的香草和干燥的花朵）

→ 盘子

→ 蒙眼布

→ 纸和笔

▶ **安全提示和注意事项**

→ 在选择用于实验的具体材料时，应确认儿童是否对某种材料过敏。

▶ **实验步骤**

1 挑选出具有强烈特征气味的食物、香草和花朵。（图1）

2 例如，在温水中拌入酵母。（图2）

3 将这些实验材料分类放在盘子中。（图3）

4 轮流让家人和朋友戴上蒙眼布。试着通过气味分辨出每一种物品。写下每个人猜出的不同物品。（图4）

5 比一比，看看谁能通过气味分辨出最多的物品。（图5）

6 是不是某些物品挺难区分的，比如巧克力和咖啡？还是所有物品都能很容易区分出气味？哪种物品最难被分辨出来？（图6）

图6：哪种物品最难被分辨出来？

☀ **奇思妙想**

挑选出具有相似气味的物品，试着再进行一次这样的实验。你能将不同的柑橘区分开来吗？

图1：收集具有特定气味的食物、花朵和香草。

图2：例如，在温水中混入酵母并搅拌。

图3：将物品分类放在盘子中。

图4：根据气味分辨不同物品。

图5：举行个比赛，看看谁能正确分辨出最多的气味。

 ## 科学揭秘

我们对气味的感觉会增强我们的体验，就像我们穿过一片花园或是走进一间餐馆那样，但它同样也会警告我们危险的存在。大多数可以吃的食物闻起来都很可口，人们也会对变质或有毒食物的气味感到排斥。特定的气味会激起人的回忆、诱惑力、攻击性，乃至恐惧。

气味物质是我们可以闻到的一类具有挥发性（很容易蒸发）的小分子。这些化学物质具有不同的形态与尺寸，而我们的鼻子可以帮助我们区分出不同分子的气味。即使在化学上只有非常微小差异的两种分子，闻起来也会完全不同。比如说，两种化学结构非常相似的分子，气味差异却很大，一种可能闻起来像香蕉，另一种却像梨。

飘进我们鼻子的气味分子，瞬间就会被嵌入在嗅觉上皮细胞层中的神经细胞探测到，而这些上皮细胞就排列在鼻腔中。琳达·巴克的工作揭示了每一个神经细胞都能够探测出多种气味，单一的神经细胞与它附近的细胞协同工作，从而破译出它们正在探测的分子。

嗅觉神经可以向我们大脑中的特定组织传递信号，例如嗅球和嗅皮质。嗅觉信号从这些地方再传输到我们大脑的其他部位，启动我们对所闻气味的物理或化学反应。在本实验中，可以通过区分不同物品相似的气味，让自己的嗅觉神经发挥作用。

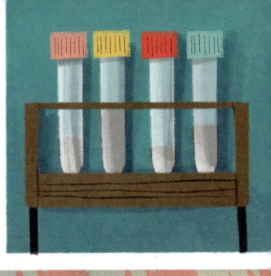

化学家 | 蕾切尔·伯克斯

Raychelle Burks

——生于1975年

加利福尼亚的童年

蕾切尔·伯克斯在美国加利福尼亚长大，喜欢去图书馆读她钟爱的侦探小说，跟随着书中侦探的足迹破解谜题。她们一家人会花上几个小时讨论书籍或电影，这也让她对流行文化充满好奇心。随着她慢慢长大，家人们有关《星际迷航》[1]这类电视剧的讨论，更是启发她去认真思考在身边世界观察到的各种事物。

超级侦探

伯克斯的奶奶向她介绍了阿加莎·克里斯蒂[2]，她很快就对那些善于观察的角色着迷，这些人总是能够将信息用一种有序的方式排列起来，一同拼凑出可能的场景。少年时期，一次对法医科学实验室的参观，让她领略到科学设备和化学检测如何被用来引导对犯罪行为的发现。她意识到，科学就是一个工具，可以将她对解谜的热情转化成自己的事业。

分析仪

在完成自己的教育经历后，伯克斯在一座犯罪实验室工作了几年，随后又回到学术界。如今，她已是一名化学教授，研究可视传感器并将其用于化学物质成分与浓度的分析。她利用法医科学研究协助让线索浮出水面，当她不在实验室里忙着"追踪"分子的时候，则活跃在科学传播领域。

便携式传感器

伯克斯在实验室里力图开发的化学传感器，与《星际迷航》中那个科幻的分析仪出奇地相似，而且它是手持式设备，可以用来对环境进行扫描。她目前的研究工作聚焦于传感系统的设计，这可以鉴定出和犯罪行为紧密相关的化学物质，同时使用智能手机、笔记本电脑、平板电脑等电子设备作为科学分析设备。

科学传播的"超级英雄"

作为一名科学传播者，一位有志科学家榜样，伯克斯还将流行文化当作一种积极的空间，用以讨论社会、科学与刻板印象。在课堂、网络和其他场合，她通过动手项目和对流行文化的引用，点燃了公众对化学的热情。伯克斯协助创建"科学大众会谈"（SciPop Talks!）并组织各种活动，这是将科学和流行文化结合在一起的系列研讨会，颇受欢迎。她经常在电视、播客上露面，或是出现在各种类型的会议上。她还养了一只吉维尼犬，这是由腊肠犬与吉娃娃杂交而成的品种。

奖项

伯克斯获得了2019年度明德林（Mindlin）基金会科学传播奖，以及2020年度美国化学学会詹姆斯·格雷迪-詹姆斯·斯塔克（James T. Grady-James H. Stack）化学传播奖。在2019年，她还被美国科学促进会（AAAS）和莱达·希尔（Lyda Hill）基金会授予AAAS If/Then 大使。

---

① Star Trek，由美国派拉蒙影视制作的科幻影视系列。（编者注）
② Agatha Christie，著名侦探小说家，代表作品有《东方快车谋杀案》《尼罗河上的惨案》等。（译者注）

实验 | 智能传感器

试着利用一个透明的杯子、一个盒子和一款色度计应用软件，将你的智能手机用作光谱仪。

▶ 实验材料

→ 水
→ 量杯和勺子
→ 6个透明的杯子
→ 红色的运动饮料
→ 硬纸板盒子
→ 绿色的图画纸
→ 紫甘蓝（可选）
→ 白醋（可选）
→ 小苏打（可选）
→ 带有色度计应用程序[①]的智能手机，能够探测出RGB值（R代表红色，G代表绿色，B代表蓝色）

▶ 安全提示和注意事项

→ 在智能手机上下载一款不太昂贵的色度计应用程序，对于本实验的演示是必要的。
→ 不要将样品从样品池中倒进倒出，或许可以在盒子上设计一个孔用于放置混合杯，这样你可以简单地交换杯子并读数。

▶ 实验步骤

1 在4个透明的杯子里量取 $\frac{1}{4}$ 杯（约60毫升）水。（图1）

2 在第五个杯子里加入 $\frac{1}{4}$ 杯红色的运动饮料，这是你未稀释的样品。（图2）

① 可在智能手机的应用商城里搜索"取色""颜色识别"等关键词来找到合适的应用程序。（编者注）

图7：记录红色运动饮料和每一种稀释液的RGB数值。

3 进行1到4次连续稀释：从红色的运动饮料杯子中取出4茶匙（3～4毫升），加到旁边的水杯里；混合后从这个杯子里再取出4茶匙溶液加到另一个水杯里，以此类推，直到你得到4杯稀释后的红色饮料。（图3）

4 取一个透明的容器来盛装样品，比如小玻璃杯或玻璃罐。在硬纸板盒子上掏出一个窗口，用胶带封上，这样光线就可以从盒子的正面射入，穿过样品，再从盒子的背面射出。你要在盒子顶部开孔，以便更容易地拿取放样品的容器并替换新的样品。（图4）

5 在盒子后面放一张绿色的图画纸，把它贴在墙上的话效果会更好。将盒子放在绿纸前面，两者之间留下一点能让光透过的空间。

6 在智能手机上打开光度计应用程序，然后放在盒子前方，这样手机就可以"看"透盒子和透明的容器以及后面的绿色图画纸。（图5）

7 在盒子中放入装有水的杯子，记录基线的R（红）、G（绿）和B（蓝）读数。（图6）

8 测试并记录未稀释的红色饮料以及每一种稀释液的读数。在加入新的样品前，需要用水将样品容器冲洗一下。注意保存稀释液，方便再次利用它们。（图7）

图1：量取一定量的水倒入透明的杯子里。

图2：在第五个杯子里加入红色的运动饮料。

图3：制作一系列稀释液。

图4：剪开盒子并重新粘接，让光线穿过透明的容器，从盒子背面反射出来。

图5：放置手机，使其能够透过样品容器"看"到绿色的图画纸。

图6：记录水的RGB数值。

9 选择一种稀释液来完成一次盲测。检测出RGB读数，看看你是否能够确定这是哪种稀释液。

可选：制作一些紫甘蓝汁（参见实验15），在其中一杯中加入一勺小苏打，观察碱性溶液如何将溶液变成蓝色。在第二杯紫甘蓝汁中加入白醋，观察它是如何将溶液从紫色变成粉色的。（图8）

10 用色度计应用程序测试中性pH值下紫色的紫甘蓝汁的RGB读数。然后在加入小苏打或白醋后再次检测读数。（图9）

图9：观察酸碱指示剂的RGB读数是如何根据你所加的酸或碱发生变化的。

 科学揭秘

科学家们对便携式设备的应用越来越感兴趣，比如在工作中使用智能手机。不仅因为这些设备可以很方便地携带并在环境中收集数据，也因为它们可以非常快捷地完成复杂的数据处理任务。

人眼可以轻松探测到的光波，只是科学家们称之为可见光的这一部分。红、绿、蓝这三原色以不同的比例进行组合，可以形成彩虹中的每一种颜色。我们看到的颜色，从橙色的蝴蝶到蓝色的天空，都包含一定比例的红色、绿色和蓝色（RGB）。通过探索一种特定颜色中的RGB比例，就有可能对这种颜色进行定性并复制。举例而言，这可以让匹配颜料颜色变得更容易。

色度计是一种可以测量出被某种材料吸收的可见光的设备。在本实验中，自然界或电子设备的光从绿色纸张上被反射出来，穿过透明杯子中的液体，最后到达手机上的照相机镜头。利用手机摄像头中的光学传感器的数据，色度计应用程序能够计算出到达镜头的红色、绿色和蓝色光的比例。

本实验因为将智能手机用作色度计设备而变得很容易操作，可以利用光波的吸收度来测算溶液中分子的类型和浓度。检测透明溶液时，大多数绿色光波从绿色纸上被反射出来又回到了手机中，因此G的读数就很高。如果红色溶液被加入到本实验的样品杯中，它就会吸收一些从绿纸上被反射的光波，G的数值就会下降。当背景纸的颜色正好是你所检测的样品颜色的互补色[1]时，实验的效果是最好的。

———————

① 互补色是指在色相环上角度为180°的色彩，如红和绿、蓝和橙、黄和紫。（编者注）

图8：制作一些紫甘蓝汁，观察它在加入酸或碱时会如何反应。

✦ **奇思妙想**

　　用紫甘蓝汁制作酸碱指示剂，观察一种单一的物质如何在酸性或碱性的溶液中改变颜色。想一想，在法医实验室里如何利用会变色的化学物质来寻找线索？

专业术语

化学

研究物质组成与性质以及它们如何发生变化的一门科学。

物质

构成物理对象的基本要素。

颜料

一种可以给其他材料赋予颜色的物质。

假说

对一种现象进行的假想解释，还需要更深入的研究或探索。

溶液

溶解了其他固体、液体或气体的液体。

凝结

物质从气态到液态的转变（通过冷凝的方式）。

蒸馏

液体通过加热直到蒸发为气体的过程，然后再对气体进行冷却，直到其变为液体。

蒸发

一种液体变成气体的过程。

氧

存在于空气中的一种化学元素。由其构成的氧气是一种无色无味的气体，是维持生命所必需的。

二氧化碳

一种比较重的无色气体，由燃料燃烧、来源于动物或植物的物质的降解或燃烧以及呼吸作用而产生。

碳酸化

二氧化碳与液体结合的过程。

原子

物质可以具备独特化学性质的最小颗粒。原子是由电子、质子和中子这些更小的颗粒构成的。原子的大部分质量来自原子核内的质子和中子。

原子核

原子中心区域致密的核，其中含有质子和中子。

中子

物质中一种不带电的粒子，是构成原子核的一部分。

质子

物质中一种带正电的粒子，是构成原子核的一部分。

电子

物质的一种带有负电荷的基本粒子，在原子的原子核外形成电子云。

分子

两个或多个原子通过化学键结合在一起的整体。[1]

聚合物

通常是由分子以简单重复模式排列形成链状结构的一类化学物质。

蛋白质

一种由单条或多条氨基酸长链构成的大分子。

核糖体

细胞中充当蛋白质合成工厂的一种结构。

RNA

核糖核酸，一种携带化学编码的信使分子，用于合成蛋白质以及调节基因表达。

DNA

脱氧核糖核酸，在生命染色体中发现的一种具有自我复制能力的分子，携带着一系列基因信息。

基因

一段DNA片段，遗传物质的基本单元，可将遗传信息从亲代传递给子代。参与编码RNA的合成，再由RNA合成蛋白质。

---

[1] 极少数情况也会出现单原子分子，例如稀有气体就是单原子分子。（译者注）

参考文献

琳达 · 巴克（Linda Buck）

Buck, Linda. Nobel Lecture: Unraveling the Sense of Smell. December 8, 2004. www.nobelprize.org/prizes/medicine/2004/buck/lecture.

"Richard Axel and Linda Buck Awarded 2004 Nobel Prize in Physiology or Medicine." Howard Hughes Medical Institute. October 4, 2004. www.hhmi.org/news/richard-axel-and-lindabuck-awarded-2004-nobel-prize-physiology-or-medicine.

蕾切尔 · 伯克斯（Raychelle Burks）

"Raychelle Burks // Pop Culture Chemist." Josie and The Podcast. player.fm/series/josie-and-the-podcast/raychelle-burks-pop-culture-chemist.

玛丽 · 居里（Marie Curie）

Curie, Marie Sklodowska. "Radium and Radioactivity." *Century Magazine.* January 1904: 461–466. cwp.library.ucla.edu/Phase2/Curie,_Marie_Sklodowska@812345678.html.

玛格丽特 · 凯恩斯 · 埃特（Margaret Cairns Etter）

Bernstein, Joel. "Peggy Etter: A Personal Recollection." *Crystal Growth & Design,* 16, no. 3 (2016): 1135–1143. doi: 10.1021/acs.cgd.5b01296. pubs.acs.org/doi/10.1021/acs.cgd.5b01296.

伊迪丝 · 弗拉尼根（Edith Flanigen）

Moriarty, Barbara. "Dr. Edith Marie Flanigen." Women Chemists Committee. March 30, 2005. web.archive.org/web/20140106033133/http://chicagoacs.net/WCC/flanigen.html.

德米特里 · 门捷列夫（Dmitri Mendeleev）

Johanson, Christine. *Women's Struggle for Higher Education in Russia,* 1855–1900. McGill-Queen's Press-MQUP, 1987.

阿格内斯 · 普克尔（Agnes Pockels）

Helm, Christiane A. "Agnes Pockels: Life, Letters and Papers." In *APS March Meeting Abstracts.* 2004.

阿达 · 约纳特（Ada Yonath）

"Ada E. Yonath: Biography." Nobel Prize in Chemistry 2009. www.nobelprize.org/prizes/chemistry/2009/yonath/biographical.

元素周期表

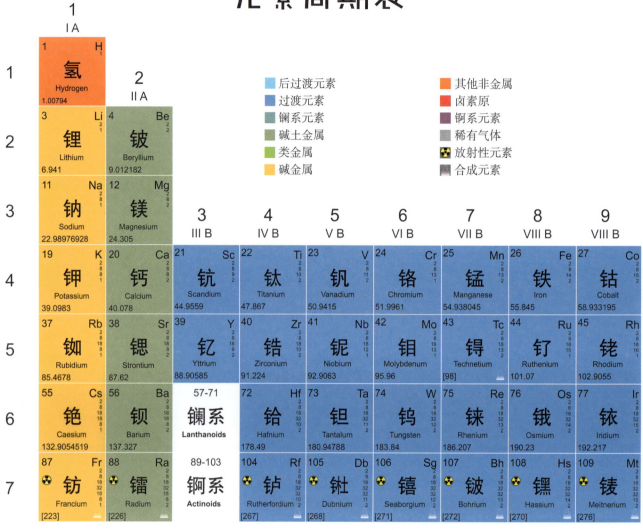

后过渡元素　过渡元素　镧系元素　碱土金属　类金属　碱金属　其他非金属　卤素原　锕系元素　稀有气体　放射性元素　合成元素

物质是由原子这种看不见的构造单元组成的。任何一种元素的原子都是相同的①，其中包含三种更基本的粒子——质子、电子和中子。原子核居于每个原子的中心位置，其中包含带正电荷的质子和不带电荷的中子。原子外围的区域则包含带有负电荷的电子，被称作电子壳层。

研究上面的元素周期表，看看你能认出多少元素。找出每一种元素左上角标的原子序数，这个数字会告诉你该元素的原子核内含有多少质子。在每个元素格子的下方，你可以

① 严格来说，同一种元素的原子可以拥有不同的中子数，因此原子并不完全相同，它们被称为该元素的同位素。此外，质子和中子数完全相同的原子也可能具备不同的能量，被称作同质异能素。从道尔顿的经典原子论出发，相同元素的原子一致是符合定义的。（译者注）

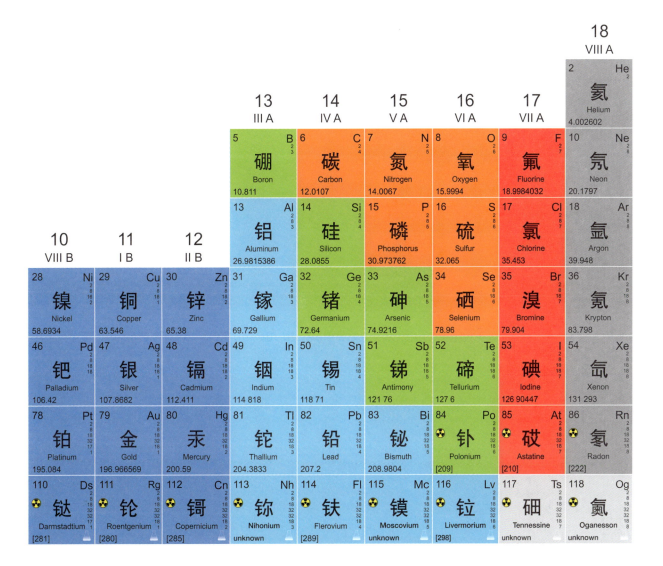

找到该元素的原子量，通常并不是整数，因为中子的数量可能有区别。你所看到的原子量数值，实际上是一个平均数，你可以将它取整为最接近的整数。要计算元素中有多少个中子，只要将原子量减去原子序数即可。

原子总是拥有相同的质子和电子。简单观察原子序数，看看元素具有多少个电子。在每个格子的右侧，一些元素周期表会显示元素壳层中电子是如何排布的，其中最顶端的数字代表的是最靠近原子核那一层的电子数量。

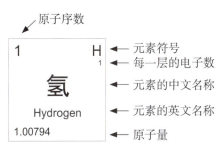

原子序数

H ← 元素符号
← 每一层的电子数
氢 ← 元素的中文名称
Hydrogen ← 元素的英文名称
1.00794 ← 原子量

致　谢

我的家人，特别是肯、萨拉和查理，他们的生活被我各种科学冒险的混乱所包围。

我的父亲，罗恩·李，也是我的物理学顾问。

安柏·普罗卡西尼的照片总是能够将正在做科学实验的孩子抓拍得如此美妙，将每一种日常生活用品转化成艺术。

凯丽·安妮·达尔顿令人咋舌的插画为本书中的科学家们绘制出精彩的画像。

那些聪明而有趣的孩子，用微笑照亮了这本书，也照亮了他们的父母。

苏珊·纳克斯·路德维希，揽下跑腿工作，她是位杰出的助理。

乔安娜·西姆考斯基，玛丽·安·霍尔，希瑟·戈丁、奈尔·威亚雷特、以及出版社的其他人员，让这本书得以问世。

瑞亚·莱昂斯，了不起的经纪人。

关 于 作 者

自打丽兹·李·海拿克到了可以观察蝴蝶的年龄，她就对科学沉迷不已。在从事分子生物学研究长达10年并获得硕士学位后，她离开了实验室，开始了她作为一名全职妈妈的新篇章。很快，她发现随着自己的三个孩子不断成长，她可以常常和他们分享自己对科学的热爱，并在自己创立的"厨房科学家"网站上记录着他们的科学冒险经历。

除了运营自己的网站，丽兹还经常在电视上进行科普并写书。她已经出版的图书包括：《给孩子的厨房实验室》《给孩子的户外实验室》《给孩子的STEAM实验室》《星球大战制作人实验室》以及《给孩子的食物实验室》。当丽兹没有写作，也没有做科学实验时，可以在她明尼苏达的家里找到她，唱歌、弹班卓琴、画画、跑步，她会做各种事情来逃避做家务。

丽兹毕业于路德学院，学的是艺术和生物，在威斯康星大学麦迪逊分校获得细菌学硕士学位。

关于摄影师

　　安柏·普罗卡西尼（Amber Procaccini）是明尼苏达州明尼阿波利斯市的一位商业兼社论摄影师。她特别善于拍摄孩子、婴儿、食物和旅行照片，而她对摄影的热情不亚于她寻找完美玉米饼的热情。

　　安柏在给丽兹的处女作《给孩子的厨房实验室》配照片时与丽兹相识，她知道她们可以组建成为一个强大的团队，因为她们要合作完成玉米饼、意大利面和奶酪。当安柏没有在抓拍翻白眼的少年，也没有试图让芝士汉堡看起来更让人垂涎时，她和她的丈夫喜欢一起旅行，享受每一段冒险。

关于插画师

　　凯丽·安妮·达尔顿（Kelly Anne Dalton）是一位职业艺术家和插画师，生活在蒙大拿州海伦娜的维多利亚淘金小镇。在她那迷人的20世纪20年代的工作室里工作时，她喜欢从图案设计到儿童读物的各种作品。凯丽拥有经济学学位，她很高兴能将她对历史研究和科学的喜爱结合到插画创作中。

　　不画画的时候，凯丽·安妮喜欢在山里跑步，和她的狗一起玩耍，和她的丈夫一同旅行。

图书在版编目（CIP）数据

跟着化学家做实验／（美）丽兹·李·海拿克著；孙亚飞译.—上海：
华东师范大学出版社，2023
ISBN 978-7-5760-4164-4

Ⅰ.①跟… Ⅱ.①丽… ②孙… Ⅲ.①化学家-生平事迹-世界-儿童读物
②化学实验-儿童读物 Ⅳ.①K816.13-49 ②O6-3

中国国家版本馆CIP数据核字（2023）第175436号

上海市版权局著作权合同登记　图字：09-2020-842号

跟着大科学家做实验

跟着化学家做实验

著　　者　（美）丽兹·李·海拿克
译　　者　孙亚飞
责任编辑　沈　岚
审读编辑　王　文　胡瑞颖
责任校对　姜　峰　时东明
装帧设计　卢晓红　宋学宏

出版发行　华东师范大学出版社
社　　址　上海市中山北路3663号　邮编　200062
网　　址　www.ecnupress.com.cn
总　　机　021-60821666　行政传真　021-62572105
客服电话　021-62865537
门市(邮购)电话　021-62869887
地　　址　上海市中山北路3663号华东师范大学校内先锋路口
网　　店　http://hdsdcbs.tmall.com

印 刷 者　上海当纳利印刷有限公司
开　　本　889×1194　大16开
印　　张　7.75
字　　数　160千字
版　　次　2023年11月第1版
印　　次　2023年11月第1次
书　　号　ISBN 978-7-5760-4164-4
定　　价　68.00元

出 版 人　王　焰

（如发现本版图书有印订质量问题，请寄回本社客服中心调换或电话021-62865537联系）